旅行しながら月10万円稼ぐ!

NAGARA ✈ SIDE JOB

韓国好きのための「ながら副業」

ソア
(東真梨子)

韓国仕入れ旅
2泊3日スケジュール

タイプ別

私が実際に韓国に行った経験から、おすすめしたいスポットを、旅の目的に合わせて、3パターンのスケジュールで紹介します。

※掲載されている店舗等については、2024年6月までに著者が調査した時点での情報です。

Type 01

旅を満喫しながらついでに仕入れ

ながら女子旅

仕入れはしたいけど、おいしいごはんや買い物など、友達と一緒に韓国旅行そのものを楽しみたい！そんな副業初心者にもぴったりな、女子旅ついでにできる、ゆるっと仕入れ旅をご紹介します。

こんな人におすすめ！

- ☑ 友達と一緒に韓国旅行を楽しみながら仕入れしたい
- ☑ 隙間時間に軽く副業して、旅行資金も稼げたらラッキー！
- ☑ 副業初心者だから、まずは少しだけ仕入れてみたい

#ラグジュアリーホテル #屋台食べ歩き

Type 02

効率よくまわって稼ぎまくる！

本気仕入れ旅

目指すは本業超え!?　ガンガン仕入れてどんどん売りたい。滞在時間をフル活用して仕入れしまくる、本気バイヤーのためのおすすめスケジュールがこちら。

こんな人におすすめ！

- ✓ 片手間といわず、とにかく副業で稼ぎまくりたい！
- ✓ 将来は起業して、自分のショップを立ち上げたい
- ✓ 韓国コスメやエステなど、自分投資にもお金をかけたい

Type 03

趣味の延長で副業もできる

韓流推し活仕入れ旅

K-POPや韓流スターが大好きで、ライブやファンミなど推し活にいそしむための活動資金が欲しい！　そんな人にこそトライしてほしい、推しを堪能しながら旅費まで稼げるテク。

#推し活カフェ

こんな人におすすめ！

- ✓ 韓流スターやK-POPアイドルがとにかく好き！
- ✓ 人気ドラマや映画ロケ地の聖地巡礼をしたい
- ✓ 推し活のための資金がもっとたくさん欲しい

Type 01

旅を満喫しながらついでに仕入れ

ながら女子旅

POINT

- ☑ お昼前後に韓国に着く便でゆっくりスタートする
- ☑ 受託手荷物の許容量大の航空会社をセレクト
- ☑ 観光やごはんついでに行ける場所で仕入れする

1日目

13:10
金浦国際空港到着
関西国際空港11時10分発、13時10分着のアシアナ航空を利用。

15:00
ホテルにチェックイン
01 東大門エリア
アクセスが良く、仕入れに便利な東大門エリアのホテルにステイ。

16:00
仕入れ①
02 東大門総合市場
荷ほどきや移動の疲れもある1日目は遠出をせず、ホテル近辺で。

18:00
夕食&観光
03 広蔵市場
夕食がてらディープな韓国が体験できる、ソウルで人気の市場へ。

04 スニネ・ピンデトック
屋台グルメの醍醐味は食べ歩き。小腹を満たしつつ次の店へGO！

01 Check in

JW マリオット 東大門 スクエア ソウル

リーズナブルに済ませたいなら、スカイパーク系列のホテル（1室2名で1泊約2万円）。ちょっとリッチにいくなら、JWマリオットがキレイでおすすめです。

02 Buying

仕入れ兼買い物に東大門総合市場へ。生地・手芸市場と呼ばれ、アクセサリーパーツなどの宝庫。

東大門総合市場

03 Sightseeing!

広蔵市場

100年の伝統を持つソウル最大の総合市場。屋台グルメはもちろん、市場ショッピングも目玉の1つ。市場の東側一体には屋台が並んでいて、見ているだけでも楽しい。

スニネ・ピンデトック 広蔵市場店

屋台で食べ歩き！ 04

有名なピンデトック（韓国版お好み焼き）専門店。屋台とイートインがあり、焼き立てがその場で食べられます。

004

韓国仕入れ旅・2泊3日スケジュール

05 ユッケチャメチッ

食べ歩きのラストを締めくくるのは、ユッケの人気店。思う存分堪能。

▼

21：00

仕入れ②
東大門
ナイトマーケット

06 NYU NYU 東大門店

東大門名物のナイトマーケットへ。まずはアクセサリーから。

07 MIMILINE

NYU NYUの隣の大型アクセサリーショップへ移動。価格を比較。

08 ネイルモール 東大門本店

プロも通うネイルの専門店をのぞき、自分用のお土産もチェック。

09 apM PLACE

ラストはファッションの卸売り専門店。衣類はかさばるので最後に。

▼

25：00

ホテルへ

マーケットは明け方まで営業しているので、体力の続く限り頑張る。

屋台で食べ歩き！

05 ユッケチャメチッ

おいしいグルメ店で賑わう市場の中でも、大人気のユッケ専門店。特製ダレに漬け込んで熟成させたお肉はとろけるように柔らかいと評判。食べ歩きの最後でも、余裕でペロリ！

Accessories

NYU NYU 東大門店

卸売りエリアにある韓国アクセサリーの人気ショップ。ピアスを中心に壁一面に飾られたアクセは、その数なんと約2万点。毎日新作が入荷するというのもすごい。

Accessories

MIMILINE

東大門「TEAM204」に入っている大型アクセサリーショップ。3階まである店内には、さまざまなアクセサリーが所狭しと並んでいます。NYU NYUと見比べて購入するとGOOD。

Nail

ネイルモール 東大門本店

プロのネイリストも買い付けに来るという、世界各国のネイル用品を販売しているネイル用品専門店。深夜まで営業しているのも◎。

Fashion

apM PLACE

バイヤーが多く出入りする、卸売りメインのファッションビル。韓国語ができなくてもOKですが、店員さんが塩対応なのでややハードル高め（笑）。

2日目

8:00
ホテル出発
2日目はスケジュールを詰め込んでいるので、朝早くから行動開始。
▼

9:00
朝食
10 PROS AND CONS
ホテル近くの東大門エリアで朝食。おしゃれカフェで腹ごしらえ♪
▼

11:00
美容施術
11 薬手名家
韓国エステといえばコルギ！ 美容タイムに本場のコルギを体験。
▼

14:00
カフェで休憩
12 BAKEST BROWN
インスタ映えする人気のベーカリーカフェで休憩しつつ女子トーク。
▼

15:00
仕入れ③
13 LINE FRIENDS
韓国発祥の人気キャラLINEフレンズは、売れ筋の仕入れアイテム。
▼

18:00
ディナー
14 新沙薬房
韓国といえば、焼き肉！メディアに掲載された人気店で早めの夕食。

Breakfast

薬手名家 本店

日本にも支店がある、有名な元祖コルギの本店。痛いけど、1回で小顔効果が感じられると評判。人気店なので、ホームページから早めに事前予約をしておくとスムーズ。

PROS AND CONS

東大門の裏路地にある落ち着いた雰囲気のカフェ。モーニングがあり、サンドイッチがおいしい。内装や売っているグッズも可愛い。

Cafe *Beauty Time*

BAKEST BROWN

江南エリアにある、地下1階から3階まである大きな一軒家のパン屋。アンティーク調の店内をはじめパンのディスプレイもおしゃれで、インスタ映えすると評判。もちろん味も抜群。

Buying

LINE FRIENDS フラグシップストア江南店

江南駅の大通り沿いにある、ガラス張りの大型ショップ。BTSとコラボした「BT21」のグッズも豊富に揃っています。ポップアップをやっていることも多いので、行く度にチェックするとGOOD。

Dinner

新沙薬房

サムギョプサルがおいしいと評判の、熟成肉の店。店員さんが肉を焼きながら食べ方などを丁寧に説明してくれるので、韓国焼き肉が初めての人でも安心して楽しめます。

韓国仕入れ旅・2泊3日スケジュール

20:30

仕入れ④
アウトレット

15 NEWCORE アウトレット

仕入れの最後は、お得な商品がたくさん買えるアウトレットへ。

16 THE NORTH FACE

韓国物販で人気のザ・ノース・フェイスは、行く度に必ずチェック。

NEWCORE アウトレット 江南店

高速ターミナル駅近くにあるアウトレット。全3館あり、200店以上ものブランドが入っています。飲食店も充実しているので、ここで一日中過ごしても楽しい。

THE NORTH FACE NC江南アウトレット店

ここのザ・ノース・フェイスは、私のスクール「どんどんコリア」との提携店。講座の生徒さんであれば割引があります。韓国限定のホワイトレーベルが狙い目です。

3日目

10:30

朝食
17 清水堂ベーカリー

3日目はゆっくり観光。韓国伝統家屋が集まる益善洞エリアで朝食を。

▼

12:00

街ブラ
18 益善洞韓屋村

記念撮影やお土産を買ったり、時間までゆっくり街ブラを楽しむ。

▼

14:00

ホテルに戻り、空港へ

▼

17:40発

帰国

清水堂 ベーカリー

益善洞韓屋村にある和風デザートで有名なカフェ。幻想的な雰囲気の店内は撮影スポット多数。韓国伝統菓子「ヤックァ」が食べられます。平日でも順番待ちの列ができる人気店。

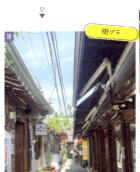

益善洞韓屋村

韓国伝統家屋が集まるソウル最古の韓屋村(ハノンマウル)。築100年もの韓屋を改造した個性派ショップや飲食店などが並び、買い物やグルメを楽しみながら韓国文化に触れられる。

007

効率よくまわって稼ぎまくる！
本気仕入れ旅

\ POINT /
- 早朝や午前中着の便で滞在時間を少しでも延ばす
- 仕入れはエリアを絞ってできるだけ効率的にまわる
- 身軽に動ける一人旅で限られた時間を有効に使う

1日目

4:40
仁川国際空港到着
羽田空港発で早朝に着く便、関西なら早めの午前中に着く便を選択。

▼

7:30
ホテルに荷物を預ける
01 東大門エリア

ながら女子旅と同じく、利便性の高い東大門エリアにステイ。

▼

8:00
チムジルバンで仮眠
02 SPAREX

ホテルの部屋にまだ入れないのでチムジルバンへ。旅の疲れをとる。

▼

12:00
軽食
本気仕入れ旅は時間との勝負。食事はスタバなどで手早く済ませて。

▼

13:00
仕入れ① 雑貨
03 10×10

仕入れは雑貨や小物など、荷物がかさばらないものからスタート。

---

01 *Check-in*

ホテルスカイパーク キングスタウン 東大門

現代シティアウトレットの上層階に位置するホテル。徒歩圏内に深夜まで営業している大型ファッションビルがあるため、時間を気にせず心ゆくまでショッピングを満喫できます。

SPAREX グッドモーニングシティ店

Nap

韓国版のスーパー銭湯、チムジルバン。サウナなどでの温浴を中心に、お風呂や食事、仮眠など、長時間滞在サービスを提供している施設。24時間営業で、トランクを置ける場所やフードコートも併設しているため、空港から直接ここに来てもOK。

Goods

10×10（テンバイテン）

おしゃれなデザイン文具やファッション雑貨、生活用品などを扱う、韓国を代表するデザイン雑貨専門店。2000点以上もの商品を扱う。

韓国仕入れ旅・2泊3日スケジュール

15：30
仕入れ②アパレル
04 DOOTA MALL

ホテルへ戻る道すがら、東大門を代表するファッションビルへ。

▼

16：30
仕入れ③
アウトレット
05 現代シティアウトレット

続いて宿泊ホテルが入っている、現代シティアウトレットへ移動。

06 THE NORTH FACE

お得に買えるアウトレットでは、ザ・ノース・フェイスを必ずチェック。

▼

18：00
夕食

アウトレット内などでサクッと済ませ、ホテルに荷物を置きに戻る。

▼

19：00
仕入れ④雑貨
07 トイザらス

子供用のおもちゃも、物販では人気商品。トイザらスへ仕入れに。

08 09 ダイソー＆コンビニ

隙間時間にダイソーやコンビニへ。移動途中など良きタイミングで。

▼

21：30
ホテルへ戻る

明日もフルで活動するため、早めに就寝して英気を養う。

Fashion

04 DOOTA MALL（ドゥータモール）

アパレルを中心に、インテリアや生活雑貨、コスメなど、多様なジャンルの店が揃う。飲食店のほか、免税カウンターや銀行など付属施設も充実。

▽

Outlet

現代シティアウトレット 東大門店

現代百貨店系列のアウトレット。ファッションブランドをはじめ、コスメやマッサージ店、フードコートなどグルメも充実していて便利。

▽

Hobby *Outlet*

06 THE NORTH FACE 現代シティアウトレット 東大門店

売り場面積があまり広くないので取り扱い商品もそこまで多くないけれど、とにかく安い！ 型落ちなど、掘り出し物を見つけよう。

トイザらス 清涼里店

ポケモンやサンリオなど、日本の人気キャラとコラボした韓国だけのおもちゃが狙い目。ソウルに何店舗かある中で、品揃えも十分で、比較的空いている清涼里店が便利。

▽

コンビニ！ 100均！

CU（シーユー）

韓国最大手のコンビニ。ポケモンやクレヨンしんちゃんなど、日本のキャラクターとのコラボ商品を頻繁に出しているので要チェック。

DAISO（ダイソー）

日本と異なる品揃えで、豊富な雑貨が並ぶ。トイザらス近くの清涼里駅近、ホテル近くの東大門駅前、現代シティアウトレット内にも。

009

2日目

9:00
朝食
本日もコンビニやファストノートで簡単に済ませ、即行動開始。

10:30
仕入れ⑤
10 ザ・現代ソウル
2日目の午前中は百貨店のイベント狙い。会場のザ・現代ソウルへ。

11 ポップアップイベント
人気アーティストとブランドとのコラボや、限定グッズ販売などが。

▼

13:00
ランチ
12 フードコート
まだまだ頑張るため、フードコートで時短＆しっかりめにランチ。

▼

14:00
仕入れ⑥
弘大へ移動
13 LINE FRIENDS フラッグシップストア
まずはBT21グッズが充実している、弘大のLINEフレンズに。

14 SPAO
次はアパレル狙いで、韓国発人気ブランドのSPAOへ。

Fashion

ザ・現代ソウル

これまでのデパートの概念を覆す、ソウル市最大規模のデパート。頻繁にポップアップイベントが開催されているので、必ず事前に確認を。

POP UP Event

Lunch

店舗数は約600店と桁違い！ショップをはじめ、グルメ、カフェなど国内外の人気店が集結。フードコートのお店1つ取ってもレベルが高い。

GOODS

▼

Goods

LINE FRIENDS フラッグシップストア 弘大店

世界中からBTSのファン「ARMY」が殺到する店。BT21キャラクターのグッズの種類も多く、ファッションアイテムから雑貨まで豊富に揃う。買い物と撮影、両方楽しめる。

Fashion

SPAO 弘大店

リーズナブルで可愛いファッションが揃う店。デザインもシンプルなものが多いので何にでも合わせやすい。珍しくメンズも充実していて、ペアルックの種類も豊富。

韓国仕入れ旅・2泊3日スケジュール

15 ABC-MART
人気スポーツブランドの靴の取り扱いが豊富なABCマートに。

16 adidas
次は、弘大駅の近くにあるアディダスショップを見に行く。

17 DAISO
隙間時間にまたダイソーへ。疲れたら、途中カフェで休憩しても。

21:00

ホテルへ戻る
明日に備えて、パッキングなど帰国準備を。

3日目

9:00

朝食
同じく、スタバやファストフードでサクッとスピーディに。

10:30

仕入れラスト
18 THE NORTH FACE
新作を求めて、明洞にあるザ・ノース・フェイスの旗艦店を訪問。

12:30

19 ロッテヤングプラザ
仕入れラストは若者向けファッションを見にロッテヤングプラザへ。

14:00

ホテルに戻り、空港へ

17:40発

帰国

ABC-MART GS弘大店
ソウル市内にいくつかある店舗のうち、弘大店は取り扱いブランド豊富な大型店。弘大入口駅9番出口の目の前という立地も便利。NIKE、CONVERSE、VANS、FILAなど、人気ブランドが揃う。

adidas 弘大ブランドセンター店
広さも品揃えも一番な、弘大駅近くにある3階建てのアディダスショップ。フロアごとにテーマがあり、3階のライフゾーンは、オリジナルのファッションアイテムがメインに。

DAISO 弘大2号店
弘大2店舗目、7階建ての大型店。広くておすすめ。ダイソーも店舗によって品数や種類が異なったりするので、いろいろ見てみるのが◯。

ロッテヤングプラザ 明洞店
明洞のランドマーク「ロッテ百貨店」や「ロッテホテル」など、ロッテ系列の建物が立ち並ぶ「ロッテタウン」の一角に位置。お手頃価格の服を購入。

THE NORTH FACE 明洞店
韓国のザ・ノース・フェイスのフラッグシップストア。新作アイテムが豊富なうえ、アウトレット店とは異なる商品が多い。アーティストとのコラボや韓国限定デザインなども必見。

011

Type 03
趣味の延長で副業もできる
韓流推し活仕入れ旅

> \ POINT /
> ○ 推しグループが同じ友達と行くと効率良し
> ○ ソウルコンに行くなら限定グッズを仕入れ!
> ○ 推しに遭遇する確率がアップする!?

1日目

11:30
仁川国際空港着
お昼頃に着く便がおすすめ。金浦より少し遠いけど、便数が多い。

15:00
ホテルにチェックイン
ホテルは、東大門もしくは明洞が観光など活動の拠点に便利。

16:00
仕入れ①
01 Everline Music&Café
早速、アイドルグッズ販売やイベントを開催することもあるカフェへ。

17:00
聖地巡礼①
02 愛の不時着ロケ地
新村・梨大エリアに来たついでに、ドラマに出た店で早めの夕食に。

18:30
仕入れ②
03 Idolllook
K-POPアイドルのぬいぐるみや着せ替えパーツが買えるショップへ。

01 Everline Music&Cafe 新村店
新村駅の目の前にあるK-POPアイドルグッズが買えるカフェ。店内の一角には、アイドルグッズが所狭しと並んでいます。カフェメニューも充実しているので、推しのグッズを眺めながら、休憩するだけでも楽しい。

bb.qチキン 梨大店
店前のパネルや店内には、実際に使われたドラマのワンシーンの写真や俳優のサインが展示。ドラマのおかげでbb.qチキンの売り上げが爆発的に伸びたとか。

Idolllook
弘大駅近くにあるK-POPアイドルのぬいぐるみと、服や靴などの着せ替え用パーツが買える専門ショップ。オリジナルで全身コーデができるので、ファンにはたまらない!

韓国仕入れ旅・2泊3日スケジュール

20:00

04 WITHMUU

次は、K-POP関連のCDやグッズが充実している専門店をチェック。

▼

21:30

聖地巡礼②
05 汝矣島漢江公園

BTSの聖地、汝矣島漢江公園で漢江ラーメンを作って食べる。

2日目

10:00

聖地巡礼③
K-POP事務所&ショップ

06 the SameE

YGエンターテインメントが運営するカフェ&ショップで推しグッズを。

07 YGエンターテインメント事務所

事務所前で記念撮影。運が良ければ、推しに会えるかも!?

▼

13:00

ランチ
08 牛家

BTSメンバーが訪問したという人気焼き肉店でランチを食べる。

WITHMUU 弘大 AK&店

K-POPアイドルのグッズやCDが買えるショップ。入り口すぐのところにはアイドルごとに違うペンライトを陳列し、コンサート関連のグッズも豊富。カフェも併設されています。

▽

汝矣島漢江公園

漢江ラーメンは袋麺にお湯を入れ、煮込んで食べるのが特徴。コンビニで袋麺を買い、専用カップと割り箸をもらってラーメンを作ります。コンビニの外には、作業台、電子レンジなどがあります。

the SameE（ザ・セイム）

韓国の大手芸能事務所「YGエンターテインメント」の正面にオープンした直営カフェ&ショップ。カフェの窓側やテラス席から事務所が見え、地下にオフィシャルグッズショップが。

YGエンターテインメント事務所

事務所前の道路には、応援するファンが連日のように集う。事務所巡りは、推しが所属するところに行くのが好ましいです。

▽

牛家（ウガ）

狎鴎亭ロデオ通りにある、ミシュランガイドにも載った高級韓牛店。ランチ限定の炙りユッケビビンバ定食は、ぜひ食べてほしい極上の逸品。

013

14:00

聖地巡礼④
愛の不時着ロケ地

09 acredo 清潭店

ドラマの中で主人公・セリのブランドの店舗として使われた場所へ。

10 ウルフギャング・ステーキハウス

次は、セリがデート中にパパラッチされたというレストランに。

▼

15:00

聖地巡礼⑤
K-POP事務所＆ショップ

11 KWANGYA SEOUL

ソウルの森エリアにあるので、記念撮影後はおしゃれな街を散策。

12 SMエンタテインメント

SMエンタテインメントの社屋ビルにあるオフィシャルショップへ。

▼

17:00

聖地巡礼⑥
梨泰院クラス
ロケ地

13 ハミルトンホテル

まずは、梨泰院駅の目の前にあるハミルトンホテルへ。

14 世界グルメ文化通り

ハミルトンホテル裏手にある通り。主人公が恋人と再会した場所。

愛の不時着ロケ地

acredo 清潭店

ドイツのジュエリーブランドショップ。結婚指輪を好みのデザインにカスタマイズできることで有名。リング以外のジュエリーも豊富。

▽

ウルフギャング・ステーキハウス

日本にも展開している高級ステーキ店。ひと際目立つ高級感あふれる店構えで、すぐに見つけられる。入り口から続く赤絨毯の階段が、実際に使われた場所。

▽

KWANGYA SEOUL

ファンの間で「KWANGYA (クァンヤ)」と呼ばれていた事務所の通称を冠したショップ。店内にはCD・映像作品を中心に、写真やポストカード、雑貨・衣類、記念品が多数。

SMエンタテインメント事務所

東方神起、EXOなどが所属する有名芸能事務所。同ビル内には他のカフェやショップ、人気美術館「D MUSEUM」なども入り、一帯が「ソウルの森カフェ通り」に。

▽

梨泰院クラスロケ地

ハミルトンホテル

街のランドマーク的存在の三ツ星ホテル。主人公・セロイが初めて梨泰院を訪れた際に映っていたホテルです。駅近でアクセスが良いので、実際に泊まるのもおすすめ。

世界グルメ文化通り

その名の通り、世界各国のレストランやナイトクラブが立ち並ぶ異国情緒あふれた通り。劇中のシーンと同じく、外国人が多い場所。

韓国仕入れ旅・2泊3日スケジュール

15 ソウルバム

梨泰院駅から歩いて5分ほどの場所にある、ロケ地の飲食店で夕食。

コンサートを観に行く人は…

14:00
コンサート会場
16 KSPO DOME

早めに会場入りし、限定グッズの仕入れを。

ソウルバム

セロイの店「タンバム」の、移転前の場所に新しくできた飲食店。お店の外には「梨泰院クラスのロケ地」という看板もあり、撮影スポットとしても人気。

KSPO DOME（オリンピック体操競技場）

国内外の大物アーティストの公演が頻繁に開催される、K-POPファンの間ではおなじみの会場。コンサート会場でしか買えない限定グッズなどを仕入れて。

21:30
ホテルへ

3日目

9:00
朝食
17 ムンファオク

地元の人が通う「ソルロンタン」の有名店で体に優しい朝ごはん。

ムンファオク

ソルロンタンが有名な、創業70年の老舗飲食店。ソルロンタンは、韓国の代表的な料理の1つで、牛の肉・骨を長時間煮込んで作る乳白色のシンプルなスープ料理。メニューは韓国語のみですが、知る人ぞ知るおいしいお店。

10:30
仕入れ③
18 K-MECCA

明洞にあるアイドルグッズ店で最後の仕入れ。

K-MECCA アイドルグッズ

K-POP好きならぜひ訪れてみてほしいショップ。可愛いぬいぐるみに埋め尽くされた空間に、アーティストのポスターがアートのように展示。各アーティストのペンライトもたくさん揃っているから、推しグッズを探すだけでも楽しい。

12:30
ランチ
19 明洞餃子 本店

旅の締めはミシュランガイド掲載の老舗有名店。

明洞餃子 本店

1966年創業の老舗店。看板メニューの餃子（マンドゥ）入りの、手打ち麺（カルグクス）が絶品。毎日、食事時になると長蛇の列ができるので、時間を少しズラして行くのがおすすめ。

14:00
ホテルに戻り、空港へ

17:40発
帰国

015

番外編
子連れde仕入れ旅

小さな子供連れだと、行ける場所が限られてしまいがち。そんなときは、遊びも買い物も満喫できる「ロッテワールド」へ。一日中いても飽きることなく、親子で大満足！

ロッテワールドで一日満喫！

9:00
ホテル出発
近くにあるロッテホテルに宿泊すると、よりゆっくりできる。

▼

10:30
朝食
ホテルで食べてもいいけど、せっかくなので外でおいしい朝食を。

▼

12:00
ロッテワールド
早速ロッテワールドへ。アトラクションやショーを満喫する。

▼

16:00
仕入れ
遊園地で遊んで満足したところで、買い物兼仕入れをスタート。

▼

18:00
夕食
買い物からの流れで、そのままモール内で早めの夕食をとる。

LONDON BAGEL MUSEUM 蚕室店

「行列ができるベーグルカフェ」で有名なベーカリーカフェのロッテワールドモール店。ウェイティング開始が9：30で完売次第終了なので、朝食時が狙い目。

ロッテワールドモール

百貨店やショッピングモール、レストラン街、映画館、水族館など多様なロッテ系列の施設がワンストップで利用できる大型施設。トイザらスも入っているので、子供を飽きさせることなく、仕入れができる。

VIKING'S WHARF 蚕室店

高級ロブスターが食べ放題の店。「大人1人100ドル」が売り！ 少々お高めですが、子供と一緒に楽しめるのでアリ！

明洞エリアも便利！

KyoChonチキン 東大門店

おしゃれな店内とヘルシースタイルの韓国チキンで人気の店。年中無休、24時間営業で便利。

ABC-MART GS明洞店

シューズはもちろん、アパレルも豊富な大型店。ショッピング兼仕入れにもぴったり。

ワッペンハウス 明洞

明洞で話題のオリジナルグッズが作れるショップ。好きなワッペンを選んでデザインできる。

仕入れ旅の心得5ヵ条

- ☑ 2泊3日がスタンダード、余裕のある人は3泊4日に
- ☑ ソウル市内に近い金浦国際空港の発着便がおすすめ
- ☑ 受託手荷物の許容量大の航空会社をセレクト
- ☑ その日のスケジュールはあらかじめ頭に入れておく
- ☑ ポップアップなど、イベントは事前に下調べを

はじめに

「せめてあと10万円、収入が増えたら……」
そう思ったことはありませんか?

　この本を手に取っていただいたということは、きっと少なからず旅行が好き、あるいは韓国が好き、という方だと思います。

　2020年から広まり始めた新型コロナウイルス感染症で縮小していた旅行市場は、2023年に入って以降、急速に回復してきています。

　しかしながら、まるで歩調を合わせるように、あるいはそれ以上の勢いで物価高が進み、さらに為替市場では円安が最安値を更新。なのに、それを補うだけの所得は増えてはいない、というのが、私たちにとっての実感ではないでしょうか。

　そうした状況の中で、日本人にとって海外旅行は、以前よりもさらにハードルが高いものになってきています。とはいえ、なんとか工夫して、自分の趣味や旅行に時間とお金をかけようと、努力されている方はたくさんいると思います。

この本は、そうした少しでも収入を増やして自分の趣味を楽しみたい、人生を楽しみたい、そして人生を良い方向へ変えていきたい、という人のための本です。

☑ 好きなことを活かして副業したい
☑ 月収を10万円アップさせたい
☑ 女性として経済的に自立したい
☑ 時間を気にせず好きな場所で働きたい
☑ 子供に自由な暮らしをさせてあげたい
☑ 自分の可能性を広げたい

　1つでも当てはまった方は、最後までこの本を読んでみてください。必ず、何か得られるものがあるはずです。

　改めて、はじめまして。ソアこと東真梨子と申します。
　2018年まで、百貨店で普通の販売員の仕事をしていました。特別何かスキルがあるわけでもなく、誇れるような学歴もありません。そんな私が、インターネットで物販を始めたことによって、人生が大きく変わったのです。

初めて物が売れたときのことは、今でもよく覚えています。18歳のとき、街の買い取り業者で200円と見積もられたゲーム機が、メルカリで7,000円で売れたのです。そこから、どうして私が物販でビジネスを始め、さらに韓国で仕入れをすることで、会社を立ち上げるまでに至ったのか。そのためのノウハウを、この本に詰め込みました。

　人生は、一度きりです。

どこかのタイミングで本気で努力することによって、道は開かれます。もし、あのとき頑張って物販を学んでいなかったら、今もまだつまらない人生を送っていたかもしれません。物販を始めた当初は、両親に反対されたりもしました。しかし、諦めずに自分のやりたいことに正直になり、その方向に進んだからこそ今の私があります。

　同じように、今私の本を手に取ってくださった方には、自分の人生を自分で選択できる力を持ってもらえたらいいなと思っています。

そして、
☑ 自立したかっこいい大人になる
☑ 一度きりの人生を悔いのないよう思い切り楽しむ
☑ 人間力を高めて、やりがいのある人生を送る

あなたがそうなるためのお手伝いが、この本を通してできたらいいなと思っています。

お金がない、時間がない、自信がない。
「ない」ことにばかりに目を向けて、自分で人生を変えることから逃げていませんか？
この本を読むことで、あなたが思い描く未来への新しい一歩を踏み出す一助になれば幸いです。

私と関わってくださる人たちが、笑顔で幸せになってほしいと、心から願っています。

Contents

タイプ別
韓国仕入れ旅2泊3日スケジュール …… 002

- Type 1 　ながら女子旅 …… 004
- Type 2 　本気仕入れ旅 …… 008
- Type 3 　韓流推し活仕入れ旅 …… 012
- 番外編　子連れde仕入れ旅 …… 016

はじめに …… 018

目次 …… 022

体験談01／元月給19万円の
販売員から会社経営者に …… 028

第1章

「ながら副業」はじめの一歩

まずはメルカリを使ってみよう！

029

- **1-1** 副業の目標・目的・メリットを明確にしよう …… 030
- **1-2** なぜフリマアプリを活用するのか？ …… 034
- **1-3** まずは不用品の販売から始めよう …… 040
- **1-4** 実際にメルカリで出品してみよう …… 044
- 体験談02／大好きな韓国の情報を物販を通してGET！ …… 060

第2章

現地に行く前にしっかり準備
仕入れ旅の計画を立てよう！

...... 061

| 2-1 | 渡韓前に必要なタスクをまとめておこう ...... 062 |
| 2-2 | 渡韓前の事前準備や情報収集を始めよう ...... 064 |
| 体験談03／育児に会社経営と大忙しのワークママ！ ...... 090 |

第3章

現地での過ごし方のポイント

韓国に行って商品を仕入れよう！

...... 091

- 3-1　現地での心得３カ条 092
- 3-2　現地スポット紹介 096
- 3-3　帰国するときに税金を払おう 120
- 3-4　韓国から日本へ荷物を送ろう 130

体験談04／推し活をしながら渡韓仕入れでW本業！ 132

第4章

いよいよ仕入れた商品を販売

メルカリで
商品を売ってみよう！

133

4-1 稼げる出品者になる
ための下準備をしよう 134

4-2 出品・発送・販売の
テクニックを学ぼう 140

4-3 商品管理・売上管理をしよう 158

4-4 メルカリの中でお店が持てる
「メルカリshop」とは？ 160

体験談05／楽しく物販に取り組みたくて
韓国物販に参入！ 164

第5章

国内にいながら「ながら副業」

在宅韓国輸入の
ノウハウを知ろう！

················· 165

5-1 卸サイトをリサーチして商品を
1つ仕入れよう ················· 166

5-2 仕入れ方法や商品選びの
コツを覚えよう ················· 172

5-3 在宅韓国輸入を
上手に使いこなそう ················· 178

体験談06／韓国物販で
夢の日韓2拠点生活へ ················· 180

仕入れ旅の会話で使える ················· 181
韓国語ワード＆フレーズ集

おわりに ················· 186

体験談 01

元月収19万円の 販売員から会社経営者に

　一般家庭で育った私は、大学卒業後、普通の百貨店販売員の仕事に就きました。当時の手取りは19万円。キラキラした生活を送る学生時代の裕福な友達に劣等感を抱き、自分の人生に漠然とした焦りを感じる毎日でした。

　会社の同僚から誘われ物販を始めたものの、知識もなかったため全然売れずに在庫を抱えてしまい、挙げ句の果てに怪しいFX投資に手を出し300万円もの借金に苦しむことに。そんなときに出合ったのが韓国物販でした。

　スクールに通い、学んだ知識を活かして物販に取り組んで、面白いように売れるようになり、借金を完済。2年後には独立して会社を立ち上げるまでになりました。今ではスクール経営のほか、韓国雑貨店『どんどんコリア』をオープン。月1回のペースで大好きな韓国へ仕入れに行っています。韓国物販で人生が大きく変わった！　私、ソアの実体験です。

chapter 01

「ながら副業」はじめの一歩

まずはメルカリを使ってみよう!

chapter 01

1

副業の目標・目的・メリットを明確にしよう

- ☑ 収入が増えたらしたいことを想像してみる
- ☑ 何のために副業を始めるのかを言語化する
- ☑ 副業に活かせる自分の「好き」を見つける

好きな韓国を仕事にしよう！

みなさんは、お隣の国、韓国が好きですか？ 政治的なことはともかく、いまや若い女性を中心に韓国は一大ブームに。巷では韓国に関連するものがあふれ、K-POPアーティストをはじめ、韓国ドラマやファッション、コスメ、フードなど、至る所で目にすることができます。現在、第5次韓流ブームといわれていますが、韓国の俳優やアーティストがハイブランドや化粧品の広告に起用されるなど、日本だけでなく、もはや世界的なトレンドとなっています。

また、物価が比較的安い、食べ物がおいしい、韓流スターに遭遇したいなど、理由はさまざまですが、韓国を訪れる人は年々増加。円安が進み海外旅行が難しくなっている今、日本から近くて気軽に行ける、というのも大きな理由の1つではないでしょうか。

　そんな私たちにとって魅力満載な韓国ですが、頑張って行けても年に数回。でも、仕事にしてしまえば、もっと頻繁に韓国に行けるようになるのです。

　私が韓国を仕事にしようと思ったのは、韓国物販のスクールに出合ったのがきっかけですが、そもそもはK-POPアイドルにハマり、韓国のことが好きになったから。好きだから夢中になれるし、大変なこともあるけれども何より楽しい！　「好きな韓国を仕事に」できたら、素敵だと思いませんか？

"ながら副業"のススメ

　「好きな韓国を仕事に」とは言ったものの、いきなり韓国関連の会社に転職する、というのはハードルが高いですよね。そこで、おすすめしたいのが韓国の物販、それも、韓国旅行を楽しみながら、現地で購入した品物をフリマアプリなどで販売する、"なが

chapter 01

ら副業"です。

「副業」と聞くと、あまり良いイメージがなかったのはひと昔前の話。今はさまざまな種類の副業があり、積極的に活用している人もたくさんいますし、国や企業そのものが副業や兼業を推進する動きになってきています。とはいえ、基本的には本業が最優先。あくまで「副業」なので、時間や手間をそこまでかけられない、という人も多いと思います。だからこそ、自分のペースで取り組めるノウハウを得て、収入を増やしていく方法を考えていきたいところ。つまり、「韓国」と「副業」が一緒になったら、好きなことに時間を使いながら、同時にお金も稼げて、まさに一石二鳥！ というわけなんです。

副業をするといいことがたくさん！

　副業をすると経済的に余裕が生まれるため、韓国に限らず旅行の回数が圧倒的に増えます。かく言う私も、韓国物販を始める前は頑張って年に2〜3回ぐらいだったのが、月1回のペースで行けるまでになりました。自由にできるお金も多くなるため、おいしいものを食べたり、ファッションや美容にお金

を使ったりと、ちょっとした贅沢を楽しめるように
なります。

　推し活をもっと楽しみたい、将来、起業するため
の資金にしたい、という人もいるでしょう。私が主
宰する韓国物販のスクールである『どんどんコリア』
の生徒さんの中には、トレンドを尋ねたり、K-POP
のライブに一緒に行くなど、副業や韓国をきっかけ
にお子さんとのコミュニケーションが増えた、とい
う方もいらっしゃいます。もしあなたが今、副業が
できる環境にいるなら、始めない手はないのです。

　とはいえ、「物販って簡単にできるの？　手間や時
間がかかったり、何か特別な知識やスキルがないと
難しいのでは？」と疑問に思う人もいるかもしれま
せん。でも、大丈夫！　誰でも簡単にできる韓国物
販の知識とテクニックを本書でお伝えしていきます。

"ながら副業"を始めるメリット

- ☑ 旅行そのものをマネタイズし、旅費の足しにする
- ☑ 経済的に自立できて、選択肢が広がる
- ☑ 韓国で美容課金など、自分へのプチ投資ができる
- ☑ 渡韓回数が増え、推し活がより楽しくできる

chapter 01

2

なぜフリマアプリを活用するのか？

- ✓ 副業としての「物販」の市場を知る
- ✓ どんなフリマアプリがあるか知る
- ✓ 副業で稼ぐ具体的な目標金額を設定する

初心者でも簡単にできるフリマアプリ物販

　副業をするうえでおすすめなのが、フリマアプリの「メルカリ」を使った物販です。世の中にはFXや株などの投資、YouTuberなど、多くの副業モデルがあります。これらは当たれば儲かりますが、一定レベルの知識や時間が必須で、さらにギャンブル要素もあるため、初心者にはかなりリスクがあります。
　一方、物販は、「品物を安く仕入れて高く売る」という、ビジネスの基本を忠実に実行するだけです。

==特別なスキルや人脈、能力なども必要なく、やり方さえ覚えて、経験を積めば誰でも結果を出せる==のがいいところ。しかも、フリマアプリであれば、決済システムや配送方法など、販売のプラットフォームがすでに整えられているため、実際に店を構えるのとは異なり、一から環境を構築したり、お金をかけて集客したりする必要もありません。資金や知識がなくとも、簡単に始められるため、お小遣い稼ぎや副業に最適な選択肢といえます。

さらにネット上で行う取引なので、自分の好きな時間に作業できます。そして、一度出品したら、値下げやページの編集のみで集客はメルカリが行ってくれるわけです。放っておいても、あとはユーザーが好きに商品を見て購入してくれるので、忙しい人にこそ、フリマアプリがおすすめです。

フリマアプリ市場は今後も拡大

現在、ネット通販などEC（E-commerceの略で電子商取引のこと）市場には、Amazon、楽天市場、BUYMA（バイマ）など、販売プラットフォームが数多くあります。ここ10年の間で市場規模は年々拡大

し、2020年から始まった新型コロナウイルスの感染拡大により一気に加速。今後も、EC市場は確実に伸長するといわれており、なかでもメルカリのような個人間の取引を行うフリマアプリ市場は拡大を続けています。

最近は断捨離の流行で「モノを持たない生活」が浸透しつつあることに加え、止まらない円安と物価高も、不用品を手放し売買するフリマアプリの市場拡大に寄与しているといえそうです。

なかでもメルカリがNo.1！

ここ数年で利用者が増加しているフリマアプリですが、現在さまざまな種類が存在しています。代表的なのが、「メルカリ」「楽天ラクマ」「Yahoo!フリマ」、地域特化型の「ジモティー」、オークション形式の「Yahoo!オークション」など。扱う製品のジャンルと販売手数料などが違うのが特徴です。

そんな数あるフリマアプリの中でも、メルカリは最大手。2022年11月には累計出品数が30億品（※サービス開始日2013年7月2日からの日本国内累計出品数）を突破、翌2023年7月には月間利用者数

が2200万人を突破と発表されました。

　10〜60代の幅広い年齢層の利用者がいるので、市場規模の大きさは言うまでもなく、また、ユーザーの半数を占めるのが10〜30代の若年層ということもあり、取引のスピード感もあります。男女比はほぼ同じで、扱う商品ジャンルに偏りがないため、性別を問わず利用している人が多いといえます。

　このように、メルカリは市場規模が大きく、知名度も圧倒的に高いのが特徴。だからこそ、フリマアプリを始めるなら、メルカリがおすすめなのです。

いつでもどこでも
スマホ1つで始められる

　フリマアプリでは提示価格ですぐに商品を買える仕組みになっているため、買いたいと思う人が1人でもいれば取引が成立します。ネット上の取引だから、時間はもちろん、地理的な条件も関係ありません。24時間、好きな時間に作業するだけでOKです。

　また、スマホ1つで簡単に始められるのもいいところ。なかでもメルカリは、初めてでも使いやすいシステムが整えられていて、コストや手間がかから

chapter 01

<u>ない</u>のが大きな特徴です。

　まず、メルカリの登録料は無料。メールアドレスと電話番号があれば、誰でもアカウントを作って出品できます。出品した商品はタイムラインの上位に表示され、商品が目につきやすい状態になります。また、商品が欲しい人は、購入手続きボタンをタップするだけでOK。入金が完了したら出品者は商品を発送、購入者の評価をすれば終了です。<u>発送方法も豊富に用意されており、全国一律の送料や匿名配送にも対応</u>しています。また、取引がどの段階にあるのか、可視化されているのも便利です。

　このようにメルカリは、スマホ1つで隙間時間にできる手軽さ、出品や購入などでの操作のしやすさが魅力。空いた時間を有効活用することで無理なく副業を続けられるのです。

目標は純利益で月10万円！

　副業でメルカリを活用し、例えば月に10万円を稼ぎたいと思ったとき、その前に、まずは小さな目標を設定してみましょう。最初から大きな目標を立てると、うまくいかなかったり、問題が起きたときに

心が折れたりしてしまうので、**まずは小さな目標を達成することで、モチベーションを上げる**のがおすすめです。

　具体的には、以下の3つのステップで考えるといいでしょう。

① 　達成しやすい小さな目標を設定する
② 　まずは不用品を売ってノウハウを身につける
③ 　仕入れた商品をメルカリで販売する

　目標は何でも構いません。欲しいものを買うでも、月に◯万円売るなど具体的な金額でもいいでしょう。
　次に、メルカリに不用品を出品してみましょう。見るのと実際にやるのでは、まったく違うこともあります。たとえ売れなかったとしても、不用品であれば、仕入れをして在庫を抱えるといったリスクもないので、売るためのノウハウや経験を積むのにぴったりなのです。そして、ある程度経験を積んでメルカリでの売り上げが安定してきたら、商品を仕入れて、ショップ機能のサービスがある「メルカリShops」（※詳しくは、160ページからを参照）を併用して、売り上げアップを狙っていきましょう。

chapter 01

3

まずは不用品の販売から始めよう

POINT

- ☑ 不用品がお金に換わることを知る
- ☑「メルカリ」で売れているものを調べる
- ☑ 自宅にある売れそうな不用品を探す

不用品には約28万円の資産価値がある

　不用品販売とは、自宅にある使わなくなった家電やコスメ、服などをフリマアプリで販売すること。不用品販売の市場規模は年間2.4兆円といわれ、利用者数は約3500万人。国民の3人に1人が実施している計算になります。また、1人当たりの平均収入は約7万円、手元にある不用品の価値は約28万円に相当するともいわれています。使わないからと、ただ捨ててしまうのはもったいない！　仕入れには

元手がかかりますし、売れ残ってしまった場合のリスクもあります。いきなり仕入れをするのではなく、まずは自宅に眠っている不用品を1つ販売することから始めましょう。

自宅に眠る不用品を探してみよう

　生活をしている以上、不用品はどうしても出てきます。使わなくなった服やアクセサリー、家電、肌に合わなかった化粧品など、何かしらあるもの。こんなもの欲しい人がいるの？と疑問に思うかもしれませんが、モノに対する価値は人それぞれ。自分にとっての不用品が、ほかの誰かにとっては必要なもの、お金を出してでも欲しいものになる場合もあるのです。

　ずっと使っていないものがあったとしても、「また使うかも」と、手放すのを躊躇してしまうこともあります。そうやって保管しておけばおくほど、ほとんどの場合、モノの価値は下がっていきます。骨董品のように、時間の経過とともに価値が上がるものもありますが、とてもレアなケースです。不用品を見つけたら、できるだけ早い段階で売った方が高く売れる、と思っておいてください。

041

chapter 01

不用品はどうやって見つけるの？

では、実際に不用品を見つけるには、どうすればいいのでしょうか。一般的に服などを処分する目安として、3年着ていないかどうか、といわれていますが、先ほどお伝えしたように、モノの価値は時間とともに下がります。使っていないものはできるだけ早く出品した方がよいので、まず服などは昨年着用したか、本棚や引き出しの中で1年以上動かしていないモノがないか、を思い出すといいでしょう。

メルカリで不用品を売るとなると、当然のことながら、新品で買ったときよりも価格を下げなければなりません。中古品なので仕方がないのですが、そこでもったいないと思ってしまったら、処分できなくなります。買ったときの値段にこだわらないことが大切です。

初心者にとっては、書籍やCD、使っていない家電などを出品するのが簡単です。また、化粧品に関しては、新品ではなく、使用途中でも需要があるので、肌に合わないと思ったら、すぐに出品するとよいでしょう。

それ以外にも、「え、こんなものが!?」と思うもの

が意外と売れていたりします。例えば、キャンプの焚き火の着火剤として、道端に落ちている松ぼっくりが売れるなど、所変われば意外な需要があるものなのです。下の「メルカリで実は売れているものリスト」を参考に、自宅で眠っている不用品を1つ見つけてみましょう。

メルカリで実は売れているものリスト

電化製品
- 片耳だけのAirPods
- フィーチャーフォン
- リモコン

ホビー系
- 昔のゲーム機
- ブロック玩具
- プラモデル
- 人形

ファッション・美容
- ウェディングセット
- 子供服
- 使用済みのコスメ、香水
- シャンプーなど試供品

マニア品
- 推しグッズ
- 東京ディズニーリゾートのお菓子の空き缶

こんなものまで！
- ハイブランドのショッパー、ボックス
- ハーゲンダッツアイスクリームの蓋
- ペットボトルのキャップ
- トイレットペーパーの芯
- 松ぼっくり
- 牛乳パック
- 保冷剤

chapter 01

4

実際にメルカリで出品してみよう

- ✓ 物販全体の取引の流れを把握する
- ✓ 「メルカリ」のアプリでアカウントを作る
- ✓ まずは、1つでも実際に物を売ってみる

まずは全体の流れを把握

実際に出品するときのテクニックなど、メルカリで販売するためのノウハウをお伝えしていきます。

① リサーチ

出品前に、今売れている商品を調べましょう。需要がないものは売れにくいため、特に服や小物など、トレンドや季節感が大事なものは、シーズン前など、出品する時季を考えると売れやすくなります。

② 商品選定

リサーチをもとに商品を選びます。不用品販売であれば必要ありませんが、副業として続ける場合は、商品の仕入れが必要です。何を仕入れるかは目的や予算によって違いますが、本書では韓国の仕入れに特化して紹介します。

③ 出品

商品の写真、タイトル、紹介文を用意して商品ページの作成をし、出品します。実際に利用者が購入を判断するページなので、本書で紹介するテクニックを活用することで、早く売ることができます。

④ コメント対応

商品を出品すると、閲覧者から質問がくることがあります。また、出品後にも価格を変更できるため、値下げを提案されることもあります。自分のアカウントの評価にもつながるため、丁寧に対応しましょう。

chapter 01

⑤ 梱包＆発送

商品が売れたら、迅速に梱包して発送します。作業時間や梱包などの経費をできる限り抑えることが大切です。送料は出品者か購入者のどちらかが負担することになりますが、メルカリでは出品者の負担の場合が多いです。

⑥ 評価＆トラブル対応

発送した商品が購入者の元に届いたら、評価を相互にして取引完了となります。アイテムに不備があったり、クレームが発生した場合は、丁寧に対応することを心掛けましょう。

ネットで出品することに不安を感じるかもしれませんが、メルカリでは、出品者と購入者を独自のシステムにより仲介することで、入金や商品の受け渡しなどによって起こる問題を未然に防いでいるのです。その代わり、手数料として販売価格の10％が自動的に引かれます。

まずはメルカリを使ってみよう！

chapter 01

メルカリに登録してみよう

　メルカリに登録する方法はとても簡単です。FacebookやGoogleのアカウント、メールアドレスを使って無料で登録ができ、数分で終わります。スマホの電話番号へ本人確認のSMS（ショートメッセージサービス）が送られてくるなど、セキュリティ対策もなされています。1つの端末で取得できるアカウントは1つで、メルカリでは1人で複数のアカウントを持つことは禁止行為となっているので注意が必要です。

　また、「招待コード」を使うと、お得に登録ができます。これは、招待した人と招待された人の両方に、メルカリで使えるポイントがプレゼントされるシステム。もし、知り合いがメルカリを使っているなら、その人の招待コードを教えてもらうといいでしょう。

　登録方法など詳細はメルカリ公式サイト（https://jp.mercari.com）を参考にしてください。

メルカリ登録に必要なものリスト

- Facebookのアカウント、Googleのアカウント、メールアドレスのうちいずれか1つ
- 本人確認のための電話番号
- 銀行口座（本人名義）※売上を現金化しないなら不要

プロフィールを設定しよう

　アカウントができたら、自分のプロフィールを作成します。購入希望者の多くは、買う前に出品者のプロフィールを見ます。購入の判断材料になる重要な要素なので、きちんと作ることが大切です。

　また、最初は"初心者である"ことを書いておくのがおすすめ。評価が少ないと相手は不安に感じるため、商品の説明に不足があったり、取引に手間取ったりする可能性があることを提示しておく意味があります。基本としては、以下の3つを押さえましょう。

・即購入OKかどうか

　コメントなしで「即購入OK」かどうか気にする購入者もいるので、必ず書いておきましょう。

・値下げ交渉を受け付けるか

　もし自分が値下げ交渉を受け付けないと決めているならば「値下げ交渉不可」と書いておきましょう。

・取引のスタンス

　商品への質問や値下げ交渉のタイミングがわからないため、日中は（仕事で）返事ができない、発送は週末のみなど、自分の都合を先に伝えておきましょう。

chapter 01

商品ページを作成しよう

実際出品する際のノウハウを説明していきます。
出品する際に気をつけるポイントは以下の4つです。
・写真 ・タイトル ・商品説明 ・価格設定
1つずつ説明していきます。

【写真】

実際のフリーマーケットと違って、ネット上では実物を見て確かめることができません。そのため、掲載する写真が最も大きな判断材料になります。==同じ商品でも写真のクオリティによって売れる価格が変わることもある==ので、できるだけキレイに撮影しましょう。特に1枚目の画像は、ユーザーの検索結果画面に表示される画像になるので重要です。

品物の色や種類によりますが、==基本的に壁などをバックに白背景で撮影しましょう。画像のサイズはスクエアがおすすめ==。その方が検索結果にキレイに表示されます。

また、毛布、ソファ、ベッドの上での撮影は極力避け、生活感が出ないようにしましょう。服はアイロンがけをしてシワをしっかり伸ばし、着用画像が

あるとなお良いです。

商品写真は明るい場所で撮影した方がキレイに見えます。ただし、明るすぎると素材感がなくなるので注意しましょう。私はLINE Cameraで光量を調整して撮影しています。実物とかけ離れない程度に多少加工するのも1つの手ですが、やりすぎはクレームにつながるので注意が必要です。慣れないうちは、ほかの出品者や通販サイトの写真を真似してみましょう。ただし、他者が撮影した写真を勝手に使うのはルール違反です。

次のページで紹介するのは実際に出品した商品です。1枚目は商品全体がよくわかる写真、2枚目は別アングルの写真、3枚目以降にポケットや内側など、そのほか特徴のある部分の写真です。例えば、ブランド物ならロゴやシリアルナンバー、家電なら型番などが写っていると良いです。服の場合、裏地や洗濯タグ、襟・袖・裾回りなどを気にする人が多いです。また、クレームにつながるので、汚れやキズなど、劣化部分も必ず写真を載せるようにしましょう。

対面販売ではないので、写真と説明文との矛盾がないよう、商品の状態が購入者にできる限り伝わるように丁寧に撮影してください。

chapter 01

トップ画像

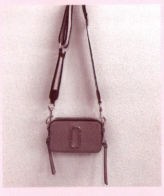

全体の形状が写るように撮影します。デザインが映える向きを正面にするのがポイント。

別アングル画像

次は別アングルの写真。後ろやサイドなど、1枚目の画像とは違う視点の商品全体の写真を。

タグ・ロゴ部分

ブランドロゴやタグ部分のアップ。模様やデザインに特徴があれば、わかるように撮る。

その他の特徴

商品の特徴的な部分、付属品や装飾、服なら襟や袖など、気になる部分を想定して撮影。

【タイトル】

写真の次に大切なのが商品タイトルです。タイトルには「購入者が知りたいこと」、「商品を探す際に検索しそうなキーワード」を優先的に入れましょう。

左ページの写真の商品だと、「MARC JACOBS マークジェイコブス ボディバッグ ザ スナップショット」ですね。ブランド名の英字とカタカナはもちろん、正式な商品名である「ザ スナップショット」のほか、ボディバッグという、バッグの形状の一般名称も入れ、より検索されやすいようにします。

ほかにも、「ルイ・ヴィトン」のように、検索のされ方が複数あるようなブランドの場合は、一番検索されそうなワードから2つほど選んでタイトルに入れましょう。

例）LOUIS VUITTON ／ルイヴィトン／ヴィトン／LV　などから
　　2つ

メルカリのタイトルは40文字までなので、できるだけ多くのキーワードを入れた方が検索されやすくなります。タイトルのつけ方に正解はありませんが、自分だったらどんなキーワードで検索するかなど、「購入者の目線になって考える」ことが一番大切です。

chapter 01

【商品説明】

　商品説明文も重要な要素。**商品画像やタイトルで伝えきれなかった商品の詳細を記載**しましょう。タイトルと同じく、「購入者の目線になって考える」ことを心掛けましょう。不用品販売の場合は、簡潔に商品の状態も書くとよいでしょう。

例）・商品のサイズ
　　・購入時期
　　・商品コンディションの詳細（キズの箇所など）
　　・なぜ手放そうと思ったかなどの理由　etc.

　また、**ハッシュタグをつけることで閲覧数を増やせます**。5個程度が適切です。あまり多いとスパム扱いされて出品取り消しにつながるので、やみくもに商品と関係のないハッシュタグをつけるのは控えましょう。

　画像とタイトルがきちんとしていても、商品説明があやふやだと、せっかく閲覧されても購入につながりにくくなります。何を知りたいのかを常に考えましょう。慣れないうちは、売れている人の商品ページを参考に自分の言葉に置き換えるのもアリ。ただし、他人の文章を丸ごと転載するのはNGです。

【価格設定】

　最後は販売価格の決め方ですが、まずは相場をチェックしましょう！　その次に送料のチェックをしていきます。メルカリでは送料込みで出品されている場合がほとんどです。購入者側は、送料が着払いだと購入を避ける傾向にあるので、送料込みで出品しましょう。また、基本的に**本来売りたい価格の少し上の金額に設定**をしてください。メルカリでは値下げ交渉が頻繁に行われるので、値下げを想定した価格設定にするといいでしょう。そのほか、販売手数料（売上金の10％）がかかることも忘れずに。

　この2つをきちんと考えて出品しないと、送料と手数料を引いたらほぼ利益がない……なんてことも。その場合、発送などの手間を考えると、出品するのをやめるという選択肢もあります。

・**販売価格＝想定販売価格（値下げ交渉を踏まえ少し高めに出品）－送料＋販売手数料**

例）Tシャツ
　　販売価格：3800円
　　送料：210円
　　手数料：380円

chapter 01

商品が売れやすくなるコツ

　メルカリの検索結果は、新しく出品した商品が新着として表示されるため、ほかのユーザーに見られやすくなります。それに加えて、値下げした商品が上位に表示される傾向もあります。例えば、100円でも値下げすると、検索で上位にあがるためトップ画面に表示されやすくなるのです。

　一般的に、**検索上位に挙がっているものの方が人気があり良いものだと思われる**傾向があり、人間の心理として、人気の高いものが欲しくなるということがあります。そのため、1日1回100円ずつでも値下げを行うことで、上位に表示される期間が長くなり、購入につながりやすくなります。

　値下げは、一番アクセスが多い時間帯である21時頃に行うのがベスト。このように、検索順位を上げるため、値下げ幅も含めた販売価格に設定しておくのです。ある程度値下げを行い、それでも売れない場合は、一度出品を取り下げ、タイトルなどを変えて再出品するのも1つの手。閲覧数が増えたかなど様子を見つつ、売れるまで毎日価格調整をしましょう！

コメント対応は丁寧に

メルカリに出品した商品に、値下げ交渉や質問など、購入希望者からコメントが来ることがあります。すぐに返事をしなくては！と思いがちですが、対応は自分のペースで大丈夫です。

ただし、スルーはしないこと。コメントをそのまま放置しておくのは、良くありません。例えば、値下げ依頼で、その金額は無理だと思ったら、きちんと断るようにします。値下げ交渉の主導権はこちらにあるので、無理する必要はありません。

コメントを無視していると、信頼できない出品者と思われて、ほかのユーザーも商品の購入を躊躇してしまう場合があり、販売の機会を逃してしまいます。

そのためにも、プロフィール設定のときに、返事ができる時間帯、値下げ交渉の可否などを、しっかり明記しておくことが大切なのです。

メルカリは、個人間の取引の場です。しかも、相手に会うことなく取引が終了します。気持ちの良い取引をするためにも、対応は丁寧な言葉遣いで、そして自分がされて嫌なことはしない、ということを常に心掛けましょう。

chapter 01

売れた商品を発送しよう

　出品した商品が売れたら、最後は発送です。メルカリでは梱包に特別な規定はありませんが、配達中に荷物が壊れると、クレームのもとになってしまいます。防水や破損防止のためにも、丁寧に梱包することを心掛けてください。

　また、メルカリにはいくつかの発送方法があり、出品者が選択できます。定形外郵便やレターパックなどの郵便局のサービスも含めると、10種類以上になるので、慣れないうちは、「メルカリ便」に絞るといいでしょう。

　メルカリ便には、「らくらくメルカリ便」と「ゆうゆうメルカリ便」の2つがあり、料金は全国一律で、郵便ポストやコンビニから発送できます。匿名配送なので安心です。

　基本的に配送料を決めるのは、「サイズ」「重さ」「厚さ」です。梱包や配送方法の詳細については、158～161ページで詳しく解説していますが、右ページに簡易的にお得な配送方法がわかるフローチャートをまとめたので、活用してみてください。

まずはメルカリを使ってみよう！

参考：配送方法 早わかり表（メルカリ） https://help.jp.mercari.com/guide/articles/1080/

体験談 02

大好きな韓国の情報を物販を通してGET！

名前・年齢	チムさん・38歳
職業／前職	セミナー講師／医療関係
実績	7カ月で毎月の利益15万円超
物販歴	約2年

　もともと中古物販を1年半程やっていたんですが、とにかく楽しくなかったんです。でも物販自体は嫌いじゃなかったので、大好きな推しがいる韓国の物販なら、韓国にも詳しくなれそうだしいいかも！と思ったのがきっかけです。韓国の情報がリアルタイムでたくさん知れるので、仮に行けなくても渡韓している気分になれ、韓国欲が増してやる気が出ます。

　今は毎月15万円の利益を維持できているので、次は20万円達成が目標。最終的な夢は、大好きな韓国と動物に物販をかけ合わせて何かできたらいいなと思っています。

chapter 02

現地に行く前にしっかり準備

仕入れ旅の計画を立てよう!

chapter 02

1

渡韓前に必要なタスクを
まとめておこう

- ✓ 事前の準備から帰国までの流れを把握する
- ✓ 準備にどのくらいの時間がかかるか知る

タスクフローの流れ

韓国物販の仕入れのコツをご紹介します。まずは、事前にチェックすべきことなど、必要な準備から帰国までの流れをひと通り頭に入れておきましょう。

START

\ 1ヵ月前 /

1
現地のイベント開催情報を調査
ポップアップやセールなどで、高く売れる人気商品をリサーチ。

2
航空券・ホテルを予約
イベント開催日程に合わせて旅行のスケジュールを決める。

/ 3週間前 \

仕入れ旅の計画を立てよう！

3日前

6
関税申告の準備

税関での注意点や必要書類、輸入禁止商品などを確認。

FINISH！

5日前

5
仕入れのスケジュールを組む

行きたい店の場所と営業時間を調べてマッピングすると作業しやすい。

1週間前

4
商品リストを作成

備えあれば憂いなし！とにかくたくさん商品をピックアップ。

2週間前

3
トレンドリサーチをする

仕入れ商品の選定前に、まずは世の中のニーズを掴む。

chapter 02

2

渡韓前の事前準備や情報収集を始めよう

- ✓ いつ頃、何のために渡韓するか決める
- ✓ 実際の渡韓までのスケジュールを立てる
- ✓ 仕入れる商品リストなどを事前に準備する

現地のイベント開催情報を調べよう

わざわざ韓国まで行くのですから、当然、現地で何を買うかがとても大事です。仕入れにはお金がかかりますし、売れなかったら在庫を抱えることになるなど、それなりにリスクもあります。そのため、本格的な仕入れをするならば、自分がよく知っている商品や好きなものから始めると、失敗が少なくなります。そういった意味でも、「好きな韓国」ならば、人気のある商品をより見つけやすくなるのでおすすめです。

日本国内にいながら韓国の商品を仕入れることもできますが（詳しくは、165ページ〜第5章を参照）、できれば韓国に行って、楽しみながら仕入れをしたいですよね？　そのためにも情報収集は欠かせません。現地でしか買えない商品はもちろんのこと、なかでも特に利益になるのが、**ポップアップストアなどで販売されるよりレア度の高い限定アイテム**。韓国では、百貨店やファッションビルをはじめ、人気ショップやカフェなどでも頻繁にポップアップイベントが開催されます。いつどこで何のイベントが開催されるのかを事前に把握し、開催日程に合わせて渡韓スケジュールを組めるとベストです。

　情報を得るためには、まずは狙っているブランドやキャラクターの公式サイトをチェックしましょう。また、人気のあるK-POPアーティストはもちろんのこと、韓国情報を発信しているインフルエンサーなど、めぼしい人のSNSをフォローして、常にアンテナを張っておきましょう。

　ポップアップなどのイベント情報は、1カ月前〜1週間前など、比較的日程が近くなってから告知される傾向にあります。イベントが突然中止されたり、商品が売り切れ次第終了になったりするので、現地

chapter 02

に行ってからも情報収集は欠かせません。

　私が主宰している『どんどんコリア』の講座では、LINEで「韓国情報グループ」を作って、イベント情報などを共有しています。自分だけではすべて把握しきれないので、普段から韓国トレンドに興味のある友人や知人たちと、情報を共有し合える環境を整えておくのがおすすめです。

航空券・ホテルを予約しよう

　韓国に行く日程を決めたら、航空券とホテルを予約します。韓国での滞在期間は2泊3日がスタンダードで、通常の土日プラス1日あれば行けるのがいいところ。巻頭のモデルスケジュールで紹介したように、一緒に行く人や目的によって変わりますが、基本的にはできるだけ滞在時間を長くしたいので、早朝着・深夜帰宅の便が理想的。ツアーではなく個人手配の方が、選択肢が多くて便利です。また、航空会社は受託手荷物許容量の大きいところ、空港はソウル市内に近い金浦国際空港がおすすめです。

　ホテルはイベント会場の近くや、仕入れ予定の店が集まっているエリアを拠点にすると、移動時間の

節約にもなります。おすすめは、東大門、弘大、江南など。明洞も便利ですが、観光の中心地なのでホテルの料金設定がやや高めです。

ホテルの中には、会員になると前日までキャンセルが無料だったり、マイルを貯められたりするなど、便利なサービスを提供しているところもあるので上手に利用するといいでしょう。

トレンドをリサーチしよう

商品選定の方向性、人気のあるサイズやカラーの傾向を知るためには、国内のトレンドを知ることも大切です。いくら韓国で流行っていても、日本人の感覚とは微妙に異なる場合もあります。仕入れようと考えている商品が、実際に日本でも需要があるかどうかを調べることが大切です。ファッションメディアやアパレルサイト、おしゃれな人のSNSなどをチェックしましょう。街や店頭でのリサーチも有効。渡韓直前だけでなく、日頃の情報収集が人事です。

そして、商品リサーチは少なくとも1週間前までには終わらせ、狙い目の商品をなるべくたくさんリストアップしておくようにしましょう。

chapter 02

メルカリで人気商品をリサーチしよう

　メルカリで商品を検索することで、出品されている商品を把握して、今売れている商品をチェックできます。韓国物販は、基本的に「新品・未使用」のみ取り扱うため、「売り切れ」と併せて検索します。最近売れたばかりの新品の商品がわかるため、韓国限定の売れ筋商品が見つけられるのです。

基本編　韓国限定の売れ筋商品をリサーチ

[引用元：メルカリ]

❶ メルカリで「韓国限定」で検索

メルカリを開くと、まず初めに左のような画面が出てきます。「買いたい、売りたいものを探す」に、「韓国限定」と入力して検索してみましょう。

仕入れ旅の計画を立てよう！

[引用元：メルカリ]

❷「新品、未使用」「売り切れ」で絞り込む

韓国限定で検索すると、たくさん商品が出てきます。検索窓の右下に「絞り込み」という項目があるので、クリックして絞り込みをします。商品の状態→「新品、未使用」、販売状況 →「売り切れ」の2項目を設定し、「検索する」を押してください。

[引用元：メルカリ]

❸ 候補となる商品をリストアップ

先ほどの絞り込み設定で条件に合う商品が出てきます。「新しい順」に設定することで、直近で売れた商品が出てくるので、上から順に見ていきます。

069

chapter 02

❹ メルカリでの販売価格をチェック

いくらで売れたのか価格を確認。一番高く売れた価格や安い価格もチェックすると、大体の平均価格がわかります。

【完売品】ルセラフィム POPUP ピーチーズ コラボフォト T シャツ XL サイズ
サイズ：XL(LL)
¥24,700 送料込み

[引用元：メルカリ]

❺ 現地での販売価格をチェック

商品の韓国現地の公式サイトで、商品の仕入れ値＝現地での販売価格（ウォン）をチェックします。（※リサーチ方法は76〜77ページを参照）

31
[LE SSERAFIM × Peaches.]
PHOTO S/S T-SHIRT
₩79,000

[引用元：weverse shop]

070

仕入れ旅の計画を立てよう！

手数料・送料を引いた利益を計算

仕入れ値：　8,910円
販売価格：　24,700円
メルカリ手数料：　2,470円
送料：　　　　　220円
関税・消費税：　約1,336円

利益
11,764円

XLサイズ

SOLD

LESSERAFIM

【完売品】ルセラフィム POPUP ピーチーズ コラ
ボフォトTシャツ XLサイズ
サイズ：XL(LL)

¥24,700 送料込み

[引用元：メルカリ]

31
[LE SSERAFIM × Peaches.]
PHOTO S/S T-SHIRT
₩79,000

改めて計算してみると……
・メルカリ手数料：10%
・送料：ゆうゆうメルカリ便（ゆうパケットポスト215円・シール代5円）
販売価格（24,700円×0.9）－送料（220円）－仕入れ値（8,910円）
－関税（1,336円）＝利益（11,764円）

　メルカリは手数料（原則送料も）が自己負担になり
ます。実際の利益を計算してみましょう。販売価格
から送料と手数料、仕入れ値と関税を引いた価格が
利益になるわけですから、このTシャツの場合は
11,764円です。この商品を5個仕入れるとすると、
58,820円。これだけで、目標の10万円まであと少し！

071

chapter 02

さらにリサーチ上手になるメルカリ検索Tips

▶ キーワードの種類を増やす

「韓国限定」に加えて、ブランドやカラー、カテゴリー、アイテムなど、リサーチするキーワードの種類を増やすことで、さらに商品数を絞り込めます。

例)「韓国限定」+「ノースフェイス」
　　「韓国限定」+「ラインフレンズ」
　　「韓国限定」+「サンリオ」
　　「韓国限定」+「ダイソー」　など

ほかにも自分の知りたい組み合わせで検索します。

▶ 表記方法を変えて検索をする

カタカナだけでなく、英字でも検索をします。

例)「THE NORTH FACE、LINE FRIENDS　など

日本人は海外製品を調べるときに、ブランド名を英字よりも、カタカナやひらがなで検索する傾向があります。そのため必然的に日本語表記の商品の方が売れやすくなって販売履歴も増えるので、売れ筋の商品を探しやすくなります。ただ、英字と日本語で、表示される商品の種類が変わったり、英語表記が一般的な場合もあります。リサーチはできるだけ多く行う方がいいので、いろいろ試すことで、より

多くの商品が見つかりますし、出品する際のヒントにもなります。

▶ 韓国限定など、人気商品を探す

そのほか、限定品、コラボ商品、日本未発売など、人気のありそうな商品は、キーワードをさらに増やして検索します。

例）「日本未発売」「日本完売品」
　　「日本」＋「希少」
　　「韓国」＋「レア」
　　「アイドル名」＋「○○コラボ」
　　「キャラクター」＋「○○コラボ」など

紹介した以外にも、気になるキーワードを見つけ、いろいろ組み合わせてリサーチしてみてください。

物販が成功する肝はとにかく「リサーチ」です。コツコツと毎日のリサーチを頑張りましょう！

chapter 02

| 上級編 | 人気の出品者から売れる商品を学ぶ |

[引用元：メルカリ]

[引用元：メルカリ]

①人気のある商品から出品者をリストアップ

韓国関係の商品だけでなく、それを販売している「出品者」をリサーチしていきます。まずは、基本編のプロセスに従い、人気があって売れやすく利益が出やすい商品を見つけます。

②評価の多い&高い出品者をチェックする

商品の説明文をスクロールして下まで見ていくと「出品者」という項目があり、出品者の名前や評価が表示されています。評価が多ければ多いほど、人気がある、つまり稼げている出品者の可能性が高いです。評価数は最低100件以上が目安！右側の「>」マークをクリック。

仕入れ旅の計画を立てよう！

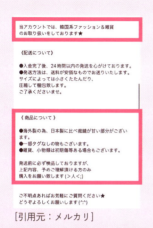

[引用元：メルカリ]

[引用元：メルカリ]

③プロフィールから高評価の理由を探る

海外輸入品であること、主に扱っているアイテムなどがアピールされています。注意書きもきちんとあり、販売に慣れている出品者ということがわかります。

④参考にしたい出品者を見つけたらフォロー

K-POPアイドルやノースフェイスの商品が多く、韓国限定品を意識的に仕入れていることがわかります。フォローしておくと、K-POPグッズのトレンドを追えそうです。

　評価が高い＝人気の商品を取り扱っている可能性が高いということなので、その出品者が取り扱っている商品のラインナップを見れば、どんな商品が売れやすいのか、仕入れの参考になります。韓国関係の商品を多く扱っている出品者を見つけたら、フォローして継続的にリサーチして参考にしましょう。

chapter 02

韓国現地仕入れ価格の調べ方

韓国現地での仕入れ価格を知るためのリサーチ方法について説明します。今回は、メルカリからリサーチをするのではなく、外部サイト（Googleや各種SNSなど）でリサーチします。これまでに見つけてきた仕入れ商品の候補について、さらにリサーチしていきましょう！

例として、「ザ・ノース・フェイス」の商品をリサーチしていきます。現地での仕入れ価格を知るために、韓国の公式サイトをチェックします。

[引用元：Google]

❶「Google翻訳」で ブランド名を韓国語に

「Google翻訳」を使って、「ノースフェイス」を韓国語に翻訳します。

❷ 韓国語のブランド名を コピーして検索

「노스페이스」（ノースフェイス）をコピーし、Googleで検索します。

仕入れ旅の計画を立てよう！

❸ 韓国版の公式サイトを見つける

ザ・ノース・フェイス（「노스페이스」）の韓国版公式サイトが出てくるので、商品ページやオンラインストアを探します。

❹ Googleの自動翻訳設定をする

このままの状態だと韓国語を読むために一つひとつコピーして翻訳しないといけないので、自動的に日本語に切り替わる設定をします。画面右端のアドレスバー「⋮」から、「翻訳」→「言語」の順にクリックし、「母国語以外のページで翻訳ツールを表示する」をONにします。言語設定ができると、自動的に日本語翻訳されるように。公式サイトのページに戻り、アドレスバーから今度は「翻訳」を選ぶと、右上に「検出された言語」と出てくるので、「日本語」をクリックすると、自動で日本語に変換されます。

[引用元：Google]
※Googleの仕様変更に伴い、掲載と異なる画面になる可能性があります。

077

chapter 02

商品リストを作成しよう

　商品のリサーチをもとに、実際に現地で仕入れる商品のリストを作っておきましょう。現地で慌てることがないよう、お店やアイテム別に分類してリストを作っておくと、買い忘れがなくて便利です。

　巻末（190ページ）に、今まで私が実際に仕入れた商品の例と、仕入れ商品をリスト化する際に使えるフォーマットがダウンロードできる特典の案内があるので、ぜひ活用してみてください。

　実際にお店に行ったときに、お目当ての商品がない場合もあります。そのため、なるべくたくさんの商品をピックアップしておきましょう。多すぎると感じるぐらいでちょうどいいと思ってください。

　初めて行く店などは、店の場所を探すのも、リストの商品を探し出すのにも時間がかかります。慣れないうちは、行く店を絞って仕入れするのもおすすめです。さまざまな店舗が集まっていて、駅からも近い、ショッピングモールなどを狙って行くのもいいでしょう。おすすめの商業施設やショップをピックアップしたので、参考にしてみてください。

仕入れ旅の計画を立てよう！

おすすめの商業施設

ロッテ系列

韓国に行ったら、ロッテ系列のお店は要チェック！ 大型複合ショッピングモールの「ロッテワールドモール」をはじめ、アウトレットや百貨店、ホテルなども抱えたロッテグループの系列店です。ソウル市内だけでもたくさんあり、若い世代に人気のお店が数多く入っています。

- ロッテワールドモール　・ロッテマート　・ロッテ百貨店
- ロッテ免税店　・ロッテアウトレット　・ロッテヤングプラザ

現代（ヒュンダイ）系列

現代グループは現代百貨店を中心とした、ロッテ百貨店、新世界百貨店とともに韓国の三大デパートの1つ。なかでも「ザ・ヒュンダイ ソウル」は、ソウル最大級の広さを誇り、アイドルやキャラクターのポップアップイベントが頻繁に行われています。アウトレットも狙い目です。

- 現代百貨店
- 現代アウトレット

chapter 02

おすすめの仕入れショップ10選

① THE NORTH FACE（ザ・ノース・フェイス）

直営店からアウトレットまで店舗数は豊富。仕入れには韓国限定ラインの「WHITE LABEL」がおすすめです。

② LINE FRIENDS（ラインフレンズ）

BT21シリーズ（BTSコラボ）やTRUZシリーズ（TREASUREコラボ）など、限定コラボやセール品などが狙い目。

③ STARBUCKS（スターバックス）

バッグやキーホルダーなど雑貨が人気。タンブラー類は、税関で没収される可能性があるので要注意です。

④ SPAO（スパオ）

日本のGUのような立ち位置の、韓国のファストファッションブランド。キャラクターコラボが激アツです！

⑤ DAISO（ダイソー）

日本と同じ100均！ 仕入れ値が安いので利益も出しやすい。キャラ物、トレカ関連商品は要チェック。

仕入れ旅の計画を立てよう！

6 Helinox（ヘリノックス）

韓国発祥のアウトドアブランド。日本でも買えますが、人気が高すぎて入手困難なので、仕入れにおすすめ。

7 トイザらス

ロッテマートなどに入っていて、日本語の商品も置いてあります。おもちゃは対象年齢6歳以上のみを扱います。

8 WITHMUU（ウィズミュー）

K-POPアイドルのオフィシャルグッズなどが買える人気ショップ。ソウルに3店舗（弘大、龍山、明洞）。

9 sanrio lovers club（サンリオラバーズクラブ）

弘大にあるサンリオのポップアップショップ（2024年11月30日まで）。詳細はインスタ（@sanrio_lovers_club）で。

10 10×10（テンバイテン）

恵化駅近くに店舗がある、可愛い雑貨が数多く揃う店。トレカやチェキの収納ケースなどがおすすめです。

chapter 02

スケジュールを組んでみよう

　2泊3日の限られた日程の中で効率的に仕入れ先の店をまわるには、事前のスケジューリングが重要です。スマホの地図アプリを活用することで効率化できるので、ぜひ覚えておきましょう。

行きたい店の詳細をチェック

　商品リストで挙がった店の情報を調べていきます。必要な情報は以下3つ。特に営業時間や定休日は、重要なので忘れずに。行ったら店が休みで閉まっていた……というのが、一番もったいないパターンです。また、店の公式サイトやSNSがある場合、それも併せてメモします。ポップアップなどのイベント情報のチェックに役立ちます。

・住所（アクセス）
・営業時間
・定休日

スマホの地図アプリを活用

地図を片手に店を探す……というのは昔の話。イマドキは、スマホの地図アプリを活用するのが賢い選択です。Google Mapもいいですが、韓国では反映されていない場所もあるので、「NAVER Map（ネイバーマップ）」が便利です。日本語にも対応していて、誰でも簡単に道を調べたり、地下鉄やバスの経路など移動方法を検索したりできます。

アプリのお気に入りに保存

まずはアカウントを登録し、ログインします。次にアプリ内で行きたい店を検索し、お気に入りに保存していくだけ。店のレビュー確認をはじめ、現在地からのルート検索など、そのまま道案内が可能なのも便利です。近くのカフェやコンビニなども検索できるので、上手に利用しましょう。

chapter 02

目的別に色分け

お気に入りの機能では、カテゴリーごとに色分けしてわかりやすく保存できます。ホテルや仕入れ店舗、カフェやレストランなど、目的別に色分けするのがおすすめ。

Google Mapの場合はメモ機能があるので、イベント情報など、特に留意すべきことを書き込んでおくと便利です。

[引用元：NAVER Map]

実際のスケジュール組み立て例

エリアごとにまとめて行きたい店を保存します。まずは宿泊予定のホテルがある東大門エリアからスタート。

仕入れ旅の計画を立てよう！

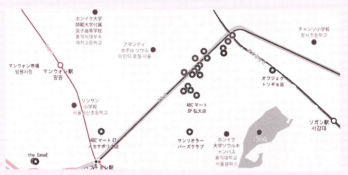

続いて、仕入れ店舗の多い弘大エリア。マッピングしてみると、1つの通り沿いに店が集中しているのがわかります。

ソウル市の広域で見てみると、行きたい店が集中しているエリアがいくつかあります。2泊3日なので3カ所セレクト。

　このように行くべきエリアが明らかになったところで、ホテルやイベント日程を中心にスケジュールを組んでいきます。初日か最終日はホテル周辺、2日目に一番店が集中しているエリアへなど。エリア内の店をまわる順番なども、大体把握しておきましょう。

085

chapter 02

関税申告の準備をしよう

関税についての基礎知識

　韓国に限らず、海外から商品を仕入れるときは、関税、消費税を支払う必要があります。ここではこれらの税金の仕組みについて基礎的な知識を説明していきます。

　韓国から商品を持ち帰る際の手続きについては、第3章（P120～）で詳しく説明しますね。

そもそも関税とは？

　韓国から商品を直接持ち帰る場合に、その輸入品に課せられる税のことを「関税」といいます。

　この関税は、課税価格が30万円を超えなければ、空港で納税できます。課税価格とは、商品代金の総額に航空運賃や保険料を加えた金額のことです。

商品によって税率が異なる

　輸入品には、無税品と有税品があります。輸入される商品は、分類によって有税品としてそれぞれ税率が定められていますが、一部の商品は、関税がか

からない無税品となっています。

有税品→関税率3〜40％目安（商品によって異なる）
無税品→関税率0％（関税が課せられない）

有税商品の関税率

　韓国現地での仕入れでは、アパレル製品を仕入れることが多いです。アパレル製品は、その品目や素材によって、関税率が細かく分かれています。

　ごく一例ですが、繊維製のコート・ジャケット・ズボン・スカート（8.4〜12.8%）、シャツ（7.4%〜10.9%）、マフラー（4.4〜9.1%）、革製・コンポジションレザー製・紡織用繊維製・プラスチックシート製のハンドバッグ（8〜16%）など。

　ただし、空港の税関で実際に摘要される税率は、有税品は一律5％と決まっています。ほとんどのアパレル製品は、手荷物で輸入し、税関で納税した方がお得なのです。

関税とは別に消費税もかかる

　関税だけ納めればいいと思っている人が多いですが、商品の輸入には、関税のほか日本の「消費税」

もかかります。税率は、商品価格の10%を目安として計算するといいでしょう。これは、購入時に現地で支払う消費税とは異なります。

税金も含めて利益計算する

　リサーチの段階で、商品にかかる税金の額をおおよそ把握することも大切です。ここでは、商品の仕入れ価格を5,000円、関税率を10%と仮定して、実際に税金の計算をしてみましょう。

　仕入れ値5,000円 ×（関税10％＋消費税10％）
　＝1,000円

　この1,000円が、この商品にかかる税金です。ただし、すでに述べた通り、空港税関で納税をする場合、有税品の関税率は一律5％となっています。つまり、手荷物で輸入する場合「仕入れに対して計15％（関税5％＋消費税10％）の税金がかかる」と覚えておくと良いでしょう。

HSコードを事前にチェック！

　前述しましたが、関税率は仕入れる商品の種類に

よって変わります。かなり複雑に分類されていて、知らないと税関手続きで何時間もかかったりするので、事前に「HSコード」を調べておきましょう。

　HSコードとは、国際貿易商品の名称および分類を世界的に統一する目的のために作られた6桁のコード番号で、貨物を輸出入する際の品目分類に用いる輸入統計品目番号のことです。通関の際に、税関職員がそのコードをもとにして該当する品目の関税等の税率を容易に調べることができるので、通関手続きの大幅な時間短縮になります。

輸入禁止商品などの確認も忘れずに！

　海外から商品を輸入する場合はいろいろな規制があります。何か起きたとき、知らなかったでは済まされません。事前準備の段階でしっかり把握しておきましょう。

※掲載されている情報については、2024年6月までに著者が調査した時点での情報です。情報が変更になっている可能性があるため、最新の情報は、財務省関税局の公式ウェブサイトにてお確かめください。

体験談 03

育児に会社経営と大忙しのワークママ！

名前・年齢	ミミさん・47歳
職業／前職	会社経営、セミナー講師
実績	トータル約250万円
物販歴	約1年9カ月

　本業は心理学のスクールを経営、物販は副業として始めました。子供が二人いるので、家事や育児、仕事の合間で作業しています。

　これまでの利益は234万円。最近子供たちと一緒に韓国に行き、大体4、5時間の仕入れで15万円の利益を得ることができました。

　もともと女性が自分の力で幸せに生きていくことをサポートしたいと思っていて、本業も同じ気持ちでやっていますが、物販はその手助けとなる素晴らしい手段。子供たちと一緒に過ごしながら仕事ができる喜びもあります。この良さをぜひ伝えていきたいです。

chapter 03

現地での過ごし方のポイント

韓国に行って商品を仕入れよう!

chapter 03

1

現地での心得
3カ条

- ① スケジュールを頭に入れておく
- ② ポップアップストアなどイベントを優先
- ③ 自分が欲しいと思えるものを買う

一日のスケジュールを
把握しておこう

いよいよ現地仕入れがスタート。基本は"ながら副業"なので、韓国旅行を楽しみながら仕入れするのが第一目的。ただ、利益を出すためにも、1回の渡韓でできるだけ商品を仕入れたいので、限られた時間の中で効率的にまわりたいところ。そのためにも、**1日のスケジュールや行く店の大体の位置関係をあらかじめ頭に入れておき、どの順番でまわるか事前にきちんと把握しておく**ことが大切です。

ポップアップイベントは
なるべく初日に行く

第2章で、スケジュールを立てるときには、イベントの日程や会場を優先する、と述べましたが、現地でも人気の高い限定グッズは、早めに行かないと売り切れる可能性大。イベント期間中であっても、完売してしまって商品がほぼない！なんてこともあるので、初日に行けないなら、必ず在庫があるか確認してから行くと無駄足になりません。公式サイトやSNSで、常に情報をキャッチするようにしましょう。

荷物を置きに行く
時間を取るのもアリ！

仕入れ時に発生するのが、荷物の問題。日本でも、スーツケース持参でドラッグストアの商品を購入する外国人客の姿がおなじみになりましたが、荷物が多いと何かと大変です。駅のコインロッカーに預けるなど、身軽に動ける状態にしておきましょう。荷物が多くなるとわかっているときは、ホテルに置きに行く時間を取っておくのも良いでしょう。

chapter 03

利益率の高い商品を仕入れよう

　物販ビジネスの基本は、「安く仕入れて高く売る」こと。利益率が高い商品をたくさん売ることで、儲かるわけです。ただ、最初はどの商品が利益率がいいか、そもそも売れるのかすら判断できないと思います。まずはメルカリの「売り切れ検索」や「販売中検索」を駆使して市場での需要を調べることで、売れ筋の商品を見つけることから始めましょう。

　また、商品のレア度が高ければ高いほど、欲しい人が増えて高値で取引されます。ポップアップなどイベントで販売される限定グッズは、希少性が高く、利益率が高い商品といえるので、仕入れにおすすめです。トレンドや季節性の高いアパレルは難易度が上がるので、まずは雑貨やキャラクターグッズから始めるとよいでしょう。K-POPアイドルグッズも一定のファンがいるため、売れやすい商品といえます。

　また、売れ筋の商品を安く買える優良な仕入れ先を見つけることも重要です。同じ店でも場所によって品揃えが多少違ったりするので、私は系列店はできるだけチェックするようにしています。

難易度

低　・雑貨、キャラクター
↓　・K-POPアイドル系グッズ
高　・アパレル（服、小物など）

レア度

低　・日本でも買える人気商品
↓　・日本で売り切れたもの
高　・韓国限定のもの（数量限定だとさらにレア度が高くなる）

見極めポイントは「欲しいもの」！

　商品を仕入れるときの見極めポイントは3つ。「お得感」「需要の有無」「トレンド感」です。

　まず、お得なのかは簡単です。アウトレットやセール品など、割引率が高い方がよりお得なわけです。

　次に需要があるかどうか。いくら安くても、売れなければ意味がありません。欲しい人が多ければ多いほど、高値で売れるようになります。限定品やコラボグッズなどがこれに当たります。

　最後はトレンド感。サイズやカラー展開がある場合、数があるからと人気のないカラーを買っても、結局売れ残ってしまうだけです。

　仕入れ商品を選ぶときは、「自分が欲しいと思えるか」。これも1つの判断基準にしてください。

chapter 03

2

現地スポット紹介
ソウルの人気エリアをCHECK！

❶ 明洞
（ミョンドン／명동）

ファッションからコスメ、グルメまで、何でも揃うソウルきっての繁華街。初めて韓国なら訪れたなら、行っておきたい観光の中心地。

❷ 東大門
（トンデムン／동대문）

清渓川沿いに広がる東大門市場を中心としたエリア。明け方まで営業するショップも多く、夜通し買い物を楽しめます。

❸ 仁寺洞
（インサドン／인사동）

昔ながらの街並みを残したノスタルジックな雰囲気。メイン通りには、おしゃれにリノベーションされた伝統雑貨店が並ぶ。

❹ 漢南洞
（ハンナムドン／한남동）

高級住宅街で知られる場所に、古いヴィラタイプの落ち着いた雰囲気のショップが続々オープン。大人な雰囲気の街。

❺ 新村・梨大
（シンチョン・イデ／신촌・이대）

リーズナブルなファッション雑貨店や飲食店が集まるソウルの学生街。ドラマのロケ地としても度々登場。

❻ 弘大
（ホンデ／홍대）

感度の高い若者が集まるため個性的なショップが数多く揃う。路上アートも有名で、クラブなど夜遊びスポットも充実。

❼ 汝矣島
（ヨイド／여의도）

国会議事堂のほか、放送局や証券取引所などがあり、韓国の政治・経済の中心エリア。近年は市民が集まる憩いの場に。

❽ 江南
（カンナム／강남）

洗練された雰囲気が漂うエリアで、高級ショップやレストラン、エンタメも充実。経済的中心地のほか、美容街としても有名。

❾ カロスキル
（カロスキル／가로수길）

トレンドに敏感な人たちが集まる、ソウルの流行を発信するファッションストリート。おしゃれなショップが数多く揃う。

韓国に行って商品を仕入れよう！

若者が集う賑やかな繁華街から伝統が息づく街まで、
さまざまな顔を持つ韓国の首都ソウル。
人気エリアの中から、特におすすめの仕入れに使えるお店を紹介。

※掲載されている店舗等については、2024年6月までに著者が調査した時点での情報です。または、各店舗等の公式ホームページ、または、ソウル市観光情報公式ウェブサイトを参照しています。
※釜山市以外の住所はすべてソウル特別市です。

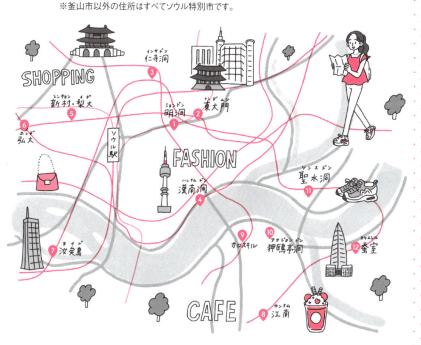

⑩ 狎鴎亭洞
（アックジョンドン／압구정동）

最新ショップや高級ブランド店が軒を連ねる、流行の最先端をいくセレブ御用達エリア。ソウルの芸能人の出没スポット。

⑪ 聖水洞
（ソンスドン／성수동）

もともと町工場が並ぶ一帯が再開発され、アート、デザイン、文化の中心地に。若者に人気急上昇中のおしゃれスポット。

⑫ 蚕室
（チャムシル／잠실）

代表スポットはロッテワールドとロッテモール。アミューズメントパークが楽しめるだけでなく、ショッピングやグルメも充実。

chapter 03

ソウルではずせないショッピングスポット
カロスキル、狎鴎亭洞(アックジョンドン)

 ソウルの流行を発信するおしゃれストリート ## カロスキル

狎鴎亭駅と新沙駅が最寄りの、流行に敏感なおしゃれ人が集まるエリア。スタイリッシュなショップやカフェが立ち並ぶ。

1 ARTBOX(アートボックス) カロスキル店

韓国で可愛い雑貨や文房具を買うならココ！ 日本でいう「LOFT」っぽい雰囲気で品揃えも豊富。キャラものの雑貨がおすすめ。

2 baskin robbins(バスキン ロビンス)(31アイスクリーム)カロスキル店

日本でもおなじみ。日本の人気キャラとのコラボが頻繁にあり、コラボアイテムは要注目。カフェも仕入れもできて一石二鳥。

- 江南区新沙洞538 ジェイタワーB洞地上1階
- 10:00～23:00(土日～24:00) ／年中無休
- www.baskinrobbins.co.kr

3 SMITH&LEATHER(スミスアンドレザー) カロスキル フラッグシップストア

2021年にローンチしたばかりの韓国発レザーグッズブランド。財布や雑貨などの小物が人気。日本のアニメとのコラボグッズにも注目。

- 江南区狎鴎亭路10ギル34,1～3F
- 12:00～21:00／年中無休
- smithleather.kr

- 江南区新沙洞538,B1F
- 11:00～22:30／年中無休
- www.artbox.co.kr

韓国に行って商品を仕入れよう！

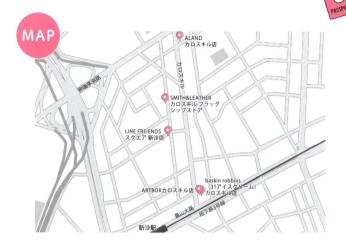

4 LINE FRIENDS スクエア 新沙店

LINEフレンズは店によって商品や在庫状況が違うので、複数店舗まわるのがおすすめ。頻繁にあるポップアップイベントにも注目。

5 ÁLAND カロスキル店
（エーランド）

おしゃれ好き御用達の人気セレクトショップ。世界的有名ブランドから韓国新鋭ブランドまで、服や小物、雑貨などが多様に揃う。

- 江南区新沙洞519-13, 1〜2F
- 12:00〜20:00／年中無休
- linefriendssquare.com

- 江南区新沙洞548-5
- 11:00〜22:00／年中無休
- www.a-land.co.kr

099

chapter 03

芸能人にも遭遇!? 流行最先端エリア 狎鴎亭洞(アックジョンドン)

芸能事務所が多い狎鴎亭洞は、スター御用達のショップが集結。メインストリートのロデオ通りには、おしゃれショップが並ぶ。

1 GENTLE MONSTER（ジェントル モンスター） HAUS DOSAN（ハウス ドサン）

BLACK PINKのジェニーちゃんがコラボして一躍話題になったファッションアイウェアブランド。ポップアップも多く、限定品は要注目。

📍江南区新沙洞649-8,2～3F
🕐11:00～21:00／年中無休
🌐www.gentlemonster.com

2 LONDON BAGEL（ロンドン ベーグル） MUSEUM島山店（ミュージアム）

「行列ができるベーグルカフェ」として知られるSNSで話題のお店。見た目も味も抜群。オリジナル雑貨が狙い目です。

📍江南区新沙洞642-25
🕐8:00～18:00（※完売次第終了）／年中無休
🌐www.instagram.com/london.bagel.museum

100

韓国に行って商品を仕入れよう！

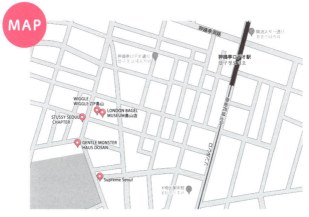

3 WIGGLE WIGGLE ZIP 島山
（ウィグル　ウィグル　チットサン）

韓国限定の雑貨ショップ。見ているだけで楽しくなるような、カラフルでポップな商品がたくさん。雑貨やルーム用品がおすすめです。

- 江南区新沙洞642-24
- 11:00〜20:00／年中無休
- www.instagram.com/wigglewiggle.zip

4 Supreme Seoul
（シュプリーム　ソウル）

日本でも長蛇の列ができる大人気ブランド。日本で完売した人気アイテムが手に入れられる可能性も。韓国限定品やコラボ商品も◎。

- 江南区新沙洞648
- 11:00〜20:00／年中無休
- kr.supreme.com

5 STUSSY SEOUL CHAPTER
（ステューシー　ソウル　チャプター）

日本でもファンの多い人気ブランドのソウル旗艦店。日本完売品をはじめ、ここでしか買えない韓国限定品をチェック。

- 江南区新沙洞645-24
- 11:00〜20:00／年中無休
- kr.stussy.com

chapter 03

新感覚のショップが集まる！ソウルきっての若者の街
弘大(ホンデ)、汝矣島(ヨイド)

 若者が常に集まる 大人気！夜遊びタウン **弘大**(ホンデ)

芸大である弘益大学に通う感度の高い若者が集まるため、特に個性的な店が多い。手頃な価格でトレンドアイテムが手に入る。

1 KAKAO FRIENDS 弘大フラッグシップストア

LINEフレンズに比べて、まだ認知度が低いカカオフレンズ。最近ポップアップやコラボも頻繁に開催され、今後さらに人気が出そう。

- 麻浦区東橋洞165-5,B1〜2F
- 10:30〜22:00／年中無休
- store.kakaofriends.com

2 Musinsa(ムシンサ) 弘大

韓国でトレンドのセレクトショップ。服を中心に小物も揃い、アイドル着用品なども。日本から購入できるグローバルサイトもあり。

- 麻浦区東橋洞165-4,B1〜3F 11:00〜22:00／年中無休 www.musinsa.com

韓国に行って商品を仕入れよう！

3 Sanrio Lovers Club 弘大店
サンリオ ラバーズ クラブ

最近、韓国で人気急上昇中！　可愛いメニューとグッズが人気のサンリオショップのイベントカフェ。韓国限定のグッズを要チェック。

麻浦区臥牛山路19キル18　12:00〜21:00／年中無休
www.instagram.com/sanrio_lovers_club

4 Object 西橋店
オブジェクト

ホンデで人気の雑貨店といえばココ！リサイクルやハンドメイドのアイテムのほか、オリジナル雑貨も揃う。定期イベントも開催。

麻浦区西橋洞326-2,半地下〜3F
12:00〜21:00／旧正月・秋夕の当日休
www.insideobject.com

chapter 03

6 AK PLAZA 弘大店
_{エーケー プラザ}

幅広い種類の店が集まる若年層向けのファッションビル。流行のキャラクターやアイドルのポップアップイベントが開催されていることも多い。特に見ておきたいおすすめ店舗は以下の4つ。

- 麻浦区東橋洞190-1
- 11:00～22:00、土日祝10:30～22:00／年中無休
- www.akplaza.com

SPAO
_{スパオ}

韓国発のカジュアルファッションブランド「スパオ」の大型ショップ。リーズナブルでおしゃれなファッションや小物が揃う。

- www.spao.com

WITHMUU 弘大AK&店
_{ウィズミュー}

K-POP関連のCDやグッズが充実している専門店。事務所の垣根を越えて、いろんなアイドルたちのグッズが買えるのが便利。

- www.withmuu.com

animate
_{アニメイト}

日本のアニメファンにもおなじみ、アニメイトの韓国ソウル店。カフェも併設され、アニメキャラのフィギュアやグッズなども充実。

- www.animate-onlineshop.co.kr

MOFUN
_{モボン}

アニメ作品とコラボしているカフェ。フロアにはアニメグッズが販売されており、すぐ横にカフェスペースが併設。限定グッズが狙い目です。

- www.mostore.co.kr

韓国に行って商品を仕入れよう！

ソウル最大規模の百貨店に大注目！
汝矣島（ヨイド）

高層ビルが立ち並ぶ韓国の金融の中心街。「ザ・現代ソウル」を中心に高層ショッピングモールが密集。

1 ザ・現代ソウル（ヒュンダイ）

最先端のトレンドが集まった、現代グループのフラッグシップデパート。店舗数は約600とソウル最大規模を誇る。定期的に行われる人気ブランドのポップアップイベントも注目度大。

📍永登浦区汝矣島洞22　🕐月〜木10:30〜20:00、金〜日・祝10:30〜20:30　※6階レストラン街10:30〜22:00／不定休(月1回)、旧正月・秋夕の前・当日休　🌐 www.ehyundai.com

cafe SOUNDWAVE（カフェ サウンドウェーブ）

K-POPアイドルのMVや音楽を楽しみながら過ごせるカフェ。頻繁にある人気アイドルとのコラボイベントなども要チェック。

🌐 www.sound-wave.co.kr

Matin Kim（マーティン・キム）

人気急上昇中の韓国のファッションブランド。なかでもメタルプレートの財布やバッグがセレブの間で大人気。

📱 m.matinkim.com

CASETiFY STUDiO（ケースティファイ・スタジオ）

店名の通り、スマホケースの店。文字を入れてカスタムできたり、人気キャラとのコラボケースもおしゃれと評判。

🌐 www.casetify.com

thisisneverthat（ディスイズネバーザット）

スポーツとストリートをコンセプトにしたソウル発のストリートウェアブランド。コラボも話題。

📱 thisisneverthat.com

chapter 03

グルメからショッピングまで！ソウルきっての観光スポット

明洞、仁寺洞、東大門
ミョンドン　インサドン　トンデムン

 昼夜問わず一日中賑わう、ソウル最大の繁華街 # 明洞
ミョンドン

約1キロ四方の狭いエリアに多彩なレストランやショップがひしめき合う。一日中観光が楽しめる、なんでも揃う賑やかな街。

1 THE NORTH FACE 明洞店
ザ・ノース・フェイス

韓国「ザ・ノース・フェイス」の旗艦店。店舗規模がかなり大きく、シーズンごとに登場する新作から型落ち品まで在庫が豊富に揃う。仕入れには必須のブランド。

- 中区南山洞2街1-2,B1〜3F
- 10:00〜21:00（ショップ）、10:00〜19:00（カフェ）／旧正月・秋夕の当日休
- www.thenorthfacekorea.co.kr

2 NIKE ソウル

世界で2番目の「ナイキ・ライズ・ストア」。スポーツウェアからシューズ、小物など充実したラインナップ。ここでしか買えない明洞カスタムワッペンもおすすめ。

- 中区明洞2街83-5,モール1〜3F
- 10:30〜22:00／年中無休
- www.nike.com/kr/ko_kr

3 adidas ブランド・フラッグシップ・ソウル

明洞のメインストリートにあるアディダス旗艦店。規模が大きく、最新のラインナップが取り揃えられているので、日本完売品などを狙うのがGOOD。

- 中区明洞2街31-1,モール1〜2F
- 10:30〜22:00／年中無休
- www.adidas.co.kr

韓国に行って商品を仕入れよう！

4 ロッテヤングプラザ 明洞店

若者向けのショップが集結したロッテデパートのヤング館。お手頃な価格の商品を扱うショップが数多く入っていて、1カ所で効率よく見てまわれるので便利。

- 中区小公洞29-1
- 月～木10:30～20:00、金～日10:30～20:30／不定休(月1回)、1/1、旧正月・秋夕の前日と当日休
- www.lotteshopping.com/

5 ロッテ百貨店 本店

免税店やホテルも併設された、明洞のランドマーク的存在のデパート。無料荷物預かりなどのサービスも実施しているので、上手に利用してショッピングを楽しんで。

- 中区小公洞1
- 月～木曜10:30～20:00、金～日・祝日10:30～20:30 ※レストラン街・地下街は別／不定休(月1回)、1/1、旧正月・秋夕の前日と当日休
- www.lotteshopping.com/

6 ロッテ免税店 明洞本店

国内にチェーン店を持つ韓国最大級の免税店。百貨店の中にあり、立地も抜群。ネットで在庫確認をしてから購入できるのも便利です。セール品はかなりお買い得。

- 中区小公洞1,百貨店9～12F
- 9:30～20:00／旧正月・秋夕の当日休
- jp.lottedfs.com

chapter 03

7 WITHMUU 明洞店

人気K-POPストアの明洞店。弘大の店舗より小さいけれど、客がそんなに多くないため、在庫が揃っていることが多い。近くに来たら、覗いてみる価値はアリ。

- 中区明洞1街45-3
- 11:00〜21:00／年中無休
- www.withmuu.com

8 ABC-MART GS明洞店

2階まである大型店で、ナイキやアディダス、ニューバランスなど、人気ブランドが入っている。シューズはもちろん、ファッションアイテムもかなり充実。

- 中区忠武路1街24-11,1〜2F
- 10:30〜22:00／年中無休
- abcmart.a-rt.com

10 NEW ERA明洞店

MLBの帽子が買えることで有名なニューエラの韓国1号店。色や文字をカスタムできるコーナーもあり。大谷選手の帽子もあるかも！

- 中区忠武路1街24-11,1〜2F
- 12:00〜21:00／年中無休
- www.neweracapkorea.com

9 DAISO 明洞駅店

明洞駅すぐ、話題の12階建て超大型店。雑貨からコスメ、食品まで、フロアごとに多様なアイテムが並び、何でも揃う豊富な商品ラインナップが魅力。

- 中区南山洞3街13-25,1〜12F
- 10:00〜22:00／旧正月・秋夕の当日休
- www.daisomall.co.kr

108

韓国に行って商品を仕入れよう！

 **古き良き韓国の
風情が漂う街**
仁寺洞
(インサドン)

李朝時代から受け継がれた伝統的な家屋が軒を連ねる観光スポット。散策を楽しみつつ仕入れも可能。

1 ktown4u 仁寺店
(ケータウンフォーユー)

K-POPファンの間で有名なショップ＆カフェ。ポップアップやコラボも多く、ドリンクの特典としてついてくるアイテムなどもおすすめ。

- 鐘路区寛勲洞155-2,モール3F
- 12:00～20:00／年中無休
- kr.ktown4u.com

2 PLAY LINE FRIENDS 仁寺洞店

この店舗では、LINEフレンズ以外に日本のアニメなどのキャラクターグッズの販売点数が多い。韓国限定グッズを見つけたら即買い！

- 鐘路区寛勲洞155-2,モール1F
- 月～金10:30～20:00(土日祝～20:30)
  ／年中無休
- linefriendssquare.com

109

chapter 03

 市場とファッションビル巡りで
深夜までショッピングを楽しむ！ **東大門**(トンデムン)

昔ながらの問屋市場とファッションビルが共存。国内外からバイヤーが集まる眠らない街で、オールナイトショッピングを。

1 東大門総合市場 (トンデムンチョンハッシジャン)

東大門市場を代表する建物で、手芸ファン垂涎のアクセサリーパーツの宝庫。韓国語が話せなくても購入可能なので、仕入れ初心者におすすめです。トレンドの雑貨も豊富。

- 鐘路区鐘路6街289-57
- [生地・衣料副材料]8:00〜18:00、
  [アクセサリー]／9:30〜19:00、
  [婚礼用品・インテリア]8:00〜19:00
  (※店舗により異なる)
  ／日曜休(※店舗により異なる)、
  1/1、旧正月・秋夕の連休、夏季休業
- www.ddm-mall.co.kr

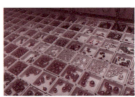

2 apM PLACE (エーピーエム プレイス)

レディースファッション専門の卸売りショッピングビル。韓国語が話せなくてもOK。トレンドの服やバッグ、アクセサリーなどが狙い目。

- 中区乙支路7街105
- 20:00〜翌5:00／金5:00〜日20:00休、
  旧正月・秋夕の連休、夏季休業、年末年始休業(※店舗により異なる)
- www.instagram.com/apmplace_korea

3 MIMILINE (ミミライン)

東大門「TEAM204」に入っている大型アクセサリーショップ。ピアスやネックレスなど、アクセサリーが大量にあり、価格もお手頃です。

- 中区新堂洞204-48,1〜3F
- 11:00〜翌5:00／年中無休
- www.instagram.com/mimiline_official

韓国に行って商品を仕入れよう！

MAP

4 現代アウトレット東大門

現代百貨店系列の都心型アウトレット。食事や休憩ができる施設が充実しているのも◎。いろいろなブランドがあるので、型落ちや割引セール品など、お買い得品を狙って。

- 中区乙支路6街17-2
- 月～木10:30～21:00、金～日・祝日10:30～21:30（※食堂街は別途）／旧正月・秋夕の当日休、夏季休業（※店舗により異なる）
- www.ehyundai.com

5 平和市場 ピョンファシジャン

韓国最初の総合衣類市場。約1,700の店舗があり、清渓川沿いに約600m続くのも圧巻。衣類がメインなので、帽子、靴下など服飾小物がおすすめ。

- 中区乙支路6街17
- 日～木22:00～翌18:00、土9:00・18:00／金18:00～土9:00、土18:00～日22:00休、旧正月・秋夕の連休、夏季休業、年末年始（※店舗により異なる）
- www.pyounghwa.com

6 DOOTA MALL ドゥータ モール

レディースファッションを中心に、インテリアや生活雑貨、コスメなど多様なジャンルのショップが入るファッションビル。免税カウンターや銀行など、付属施設も充実。

- 中区乙支路6街18-12
- 10:30～24:00 ※カフェ・フードコート・スーパーは別途／旧正月・秋夕の前日と当日休（※店舗により異なる）
- www.doota-mall.com

chapter 03

流行の最先端を行く！ソウルのトレンド発信地
聖水洞、江南
（ソンスドン、カンナム）

 今一番アツい！注目のおしゃれエリア # 聖水洞（ソンスドン）

街工場や倉庫をリノベした、赤レンガの建物に囲まれた街。「韓国のブルックリン」とも言われる洗練されたおしゃれエリア。

1 EMPTY（エンプティ）

流行の最先端を行くおしゃれセレクトショップ。K-POPアーティストやアイドルの買い物スポットとしても有名。本人着用で話題になったアイテムなどは完売必須！

- 城東区聖水洞2街315-108, 1～4F
- 日～木11:00～20:00、金・土11:00～21:00／年中無休
- empty.seoul.kr

韓国に行って商品を仕入れよう！

3 Matin Kim
　 聖水フラッグシップストア

韓国発祥の人気ブランド、Matin Kimの路面店。広々としたフロアには、服のほかにバッグや財布などの小物も充実。ブランドロゴ入りのアイテムがおすすめです。

- 城東区聖水洞2街 289-295
- 11:30〜20:00／年中無休
- www.instagram.com/houseby_____

4 musinsa standard 聖水

エッジのきいたKファッションブランドが揃うセレクトショップ。「ムソンサ・スタンダード」は、店が手掛けるオリジナルブランド。グローバルサイトから購入も可能。

- 城東区聖水洞2街271-22, 1〜2F
- 11:00〜21:00／年中無休
- www.musinsa.com/brands/musinsastandard

5 LINE FRIENDS スクエア 聖水店

新しくできた聖水洞のLINEフレンズは可愛いグッズが多く、今流行りのぬいぐるみのキーホルダーも種類が豊富。ほかにも可愛い雑貨が数多く揃っています。

- 城東区聖水洞2街320-1, 1〜2F
- 12:00〜20:00／年中無休
- linefriendssquare.com

chapter 03

 ショッピングを楽しみながら
美容課金もできる！ **江南**（カンナム）

韓国を代表する有名企業の高層ビルが立ち並ぶビジネス街。大型ショッピングモールと立ち並ぶ美容クリニックも話題です。

1 NEWCORE（ニューコア）アウトレット 江南店

人気ショッピングモール「GOTO MALL」のある高速ターミナル駅近くのアウトレット。1館〜3館が道沿いに並んで建ち、充実のショップ構成。人気ブランドの型落ち品などが狙い目です。

📍 瑞草区蚕院洞 70
🕐 (ファッション館)月〜木曜10:30〜21:00、金〜日曜10:30〜22:00、(KIM'S CLUB)8:00〜23:00／(ファッション館)旧正月・秋夕当日、(KIM'S CLUB)第2・4日曜、旧正月・秋夕当日休
🌐 www.elandretail.com

2 ktown4u COEX店

COEXモールにあるK-POPショップ&カフェ。2階がショップ、3階はボーカル・ダンススタジオ、4階がカフェに。CDのほか、グッズ関連も充実。

📍 江南区三成洞159,モール2〜4F
🕐 11:00〜20:00／年中無休
🌐 kr.ktown4u.com

3 BUTTER（バター） COEX店

お菓子やぬいぐるみのほか、ペット用品まで豊富に揃う、見ているだけでも楽しい雑貨店。可愛い雑貨がたくさんあり、つい長居してしまいそう。

📍 江南区三成洞159-9,モールB1F D107
🕐 10:30〜22:00／年中無休
🌐 www.mhmall.co.kr

4 nyu nyu（ニューニュー） 江南店

韓国でプチプラアクセといえばココ！ 人気のアクセサリーショップ「nyu nyu」の江南店。アクセサリー以外に、ファッション雑貨も充実。

📍 瑞草区瑞草洞1306,B1F
🕐 10:00〜23:00／年中無休
🌐 www.instagram.com/nyu_nyu_official

韓国に行って商品を仕入れよう！

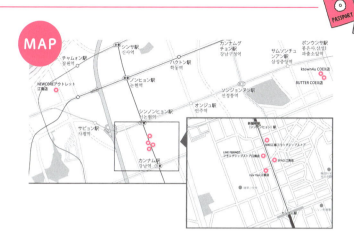

5 LINE FRIENDS フラッグシップストア江南店

江南店は、BT21グッズも豊富な大型ショップ。ガラス張りの広々とした店内で、ゆっくり見てまわれる。K-POPとコラボしているキャラクターのグッズも種類が豊富。

- 瑞草区瑞草洞1305-3, 1〜2F
- 11:00〜21:00／年中無休
- linefriendssquare.com

6 NIKE 江南フラッグシップストア

江南駅近くにある、3階建ての巨大ナイキショップ。シューズのほかスポーツウェアも充実。日本完売品や韓国オリジナル品などを探そう。

- 江南区駅三洞814-1, B1〜2F
- 10:30〜22:00／年中無休
- www.nike.co.kr

7 SPAO 江南店

リーズナブルで可愛いカジュアルファッションが揃う、韓国発の人気ブランド店。仕入れ用はもちろん、自分のお土産用にもおすすめ。

- 江南区駅三洞815, 2〜4F
- 11:00〜22:00／年中無休
- www.spao.com

chapter 03

ちょっと足を延ばして、1日中楽しめるスポットへ

蚕室・釜山
（チャムシル・プサン）

**親子で楽しめる！
子連れおすすめスポット**

蚕室（チャムシル）

ロッテワールドを中心に施設が充実し、家族連れ以外の女性同士でも楽しめる魅力的なエリアに。

MAP

---

1 ロッテワールドモール

百貨店やショッピングモール、レストラン街、映画館、水族館など、さまざまなロッテ系列の施設がワンストップで利用できる大型複合モール。

- 松坡区新川洞29
- 10:30〜22:00（※店舗により異なる）／年中無休（※店舗により異なる）
- www.lwt.co.kr/ko/main/main.do

2 LONDON BAGEL MUSEUM 蚕室店

話題の行列ができるベーグルカフェ。順番待ち必須なので、待ち時間も楽しめるモール内が◎。

- ロッテワールドモール1F
- www.instagram.com/london.bagel.museum

3 Mardi Mercredi（マルディ メルクルディ）ロッテワールドモール店

花柄のロゴで有名な「Mardi Mercredi」の直営店。品揃えが豊富。

- ロッテワールドモールB1F
- mardimercredi.com

4 トイザらス ロッテマート ZETTAPLEX蚕室店

ロッテマートの1フロアすべてが売り場に。おもちゃの数も充実。

- 松坡区蚕室洞40-1、マート4F
- 10:00〜22:00／第2・4日曜休（※ロッテマートと同じ）
- www.lotteon.com/p/display/main/toysrus

韓国に行って商品を仕入れよう！

 伝統的な街並みが広がる
ビーチもある観光名所 釜山(ブサン)

港町として有名な韓国第2の都市・釜山。東部には高級マリンリゾート地「海雲台」、北部の山間部には下町の温泉街「東莱温泉」があるなど、エリアで異なる雰囲気が楽しめるのも魅力。

1 ロッテプレミアムアウトレット 東釜山店

海外高級ブランドからカジュアルファッションまで幅広いラインナップ。ブランド数や商品の在庫数もかなり多いので、お得なものが見つかる。セール時期に行って、アウトレット価格よりさらに割引されたものを狙いたい。

📍 釜山広域市機張郡機張邑堂社里524
🕐 10:30〜21:00／旧正月・秋夕当日休
🌐 www.global.lotteshopping.com/

2 POWER STATION

K-POPやドラマサントラが揃うCDショップ。アイドルのポップアップイベントが行われることも多く、ソウルに比べて釜山のイベントは穴場で、参加する人が少ないため、意外と狙い目です。

📍 釜山広域市釜山鎮区甲浦洞683-11,2F
🕐 10:00〜22:00／旧正月・秋夕の当日休
🌐 twitter.com/POWERST_1998

chapter 03

3 THE NORTH FACE 釜山光復直営店
（ザ・ノース・フェイス）

釜山店でしか手に入らない限定アイテムを要チェック。型落ちの品を扱うミニアウトレットや、セールのコーナーもたまにあるので、各フロアを確認しよう。

- 釜山広域市中区光復洞1街25, 1〜2F
- 10:00〜21:00／年中無休
- www.thenorthfacekorea.co.kr

4 ロッテマート 光復店

釜山・南浦洞の地下鉄駅直結の便利な立地。お土産ショッピングの定番スポットな大型マートは、自分用の買い物ついでに、可愛い雑貨などを探してみて。

- 釜山広域市中区中央洞7街20-1, モール内 B1F〜2F
- 10:00〜24:00／第2・4月曜休
- company.lottemart.com

5 SPAO 南浦店

SPAOの路面店。店舗が広いうえ、あまり混んでいなくて見やすい。わりと頻繁にアニメとコラボアイテムを作っているので、見つけたらまとめて購入するのもおすすめ。

- 釜山広域市中区光復洞1街59-4
- 10:30〜21:00／年中無休
- spao.elandmall.com

6 ロッテ百貨店 光復店

本館とアクアモール、二層構成の複合型百貨店。アクアモールでは、室内吹き抜けを利用した高さ21mの大型噴水ショーがあり、ショッピングの合間に楽しめる。

- 釜山広域市中区中央洞7街 20-1
- 10:30〜20:00、(金〜日〜20:30) ※レストラン街・地下街は別途 ※夜間延長営業の場合あり／不定休(月1回)、1/1、旧正月・秋夕の前・当日休
- www.lotteshopping.com

韓国に行って商品を仕入れよう！

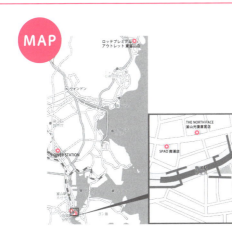

7　New Balance
ロッテ百貨店 光復店

とにかく広くて品数が豊富。韓国など海外限定デザインをはじめ、日本で品薄の人気アイテムの在庫があることも。キッズ用のシューズの種類もたくさん。

www.nbkorea.com

8　adidas
ロッテ百貨店 光復店

アディダスのショップも広々としていて在庫も豊富。日本で品薄になっているトレンドの型番のシューズをはじめ、限定デザインなども要チェック。

www.adidas.co.kr

chapter 03

3

帰国するときに税金を払おう

- ☑ 「関税」という税金の仕組みを知る
- ☑ 機内や空港の税関で必要な手続きを知る
- ☑ 関税申告のために事前に準備する

関税申告手続きについて

個人使用目的の場合は免税規定がありますが、**商業用として日本国内に持ち込む荷物は、すべて課税対象**になります。関税の知識や必要な書類など、空港税関での申告の流れをきちんと把握しておくことで、仕入れ量が増えた場合でも、スムーズに手続きができるようになります。

現地での流れを説明していく前に、いくつか重要なポイントを解説していきます。

総額30万円以上仕入れる場合は必ず郵送に！

　まず注意点として、仕入れ総額が30万円以上になると、到着ロビーで通関手続きができなくなります。別の場所で税務申告することになり、手続きは、自分でパソコンに入力作業などを行う必要があるため、かなり手間と時間がかかります。もちろん、仕入れ金30万円の内訳には、前述の航空運賃も入ります。原則30万円を超えないように調整し、どうしても超える場合は国際郵便を利用しましょう。

HSコードを調べておく

　関税率は仕入れる商品の種類によって変わるため、きちんと調べておかないと税関手続きで何時間もかかることも。事前に「HSコード＝貨物を輸出入する際の品目分類に用いる輸出入統計品目番号」を調べて商品ごとに記入しておきましょう。HSコードは「Tシャツ HSコード」など、WEB検索で簡単に調べることができます。

chapter 03

空港税関で摘要される税率は一律

　第2章で説明した通り、現地で購入した商品を手荷物で日本に持ち込む場合、旅客用の空港税関では、作業の簡易化のため、関税率が一律5％になります。さらに、関税がかからない無税品もあるので、仕入れ商品としておすすめできます。

●無税商品おすすめ一覧

・アイドルグッズ
・CDアルバム（特典のトレカが特におすすめ！）
・コレクトブック（シールブック）
・ポストカード
・キャラクターグッズ
・ぬいぐるみ（人形）
・マスコットキーホルダー

※関税が無税でも、消費税10％はかかります。

輸入禁制品に要注意！

　韓国には、特別な届け出や許可がないと日本に輸入できない商品、また理由の如何を問わずに輸入が禁止されている輸入禁制品が多くあります。

　中にはメルカリに出品されているものもありますが、出品者が知識がないまま販売しているケースがほとんどです。安易に、ほかの人も出品しているからいいや、と言う考えは、後に自分の首を絞めることになります。

　例えば、偽ブランド品やコピー商品は、偽物と知っていて仕入れた場合、10年以下の懲役、もしくは1000万円以下の罰金を科せられます。必ず正規店、公式ショップで購入してください。そのほかにも具体的な輸入禁制品については、この後紹介しますが、意外な商品も含まれていて、きっと驚きがあると思います。

　ただし、韓国物販では、輸入禁制品を除いても売り上げにつながる商品がたくさんあるので、副業でチャレンジする方は、今回のルールをしっかり理解してもらえたらと思います。

chapter 03

税関での申告方法の流れを覚えよう

 それでは、実際に空港税関での申告方法の流れを見ていきます。商品を持ち込む上での重要なポイントは以下の2つ。

・**コピー品や輸入禁制品でないこと**
 輸入禁制品は言うまでもなく、コピー商品と判明されれば100%没収。国内に持ち込むことはできません。別送品も同様です。お金も戻ってきません。

・**レシート、そのほか正規品であることを証明できる書類があること**
 あらかじめ書類を用意しておけば、審議されたときにすぐに書類を見せることができ、スムーズに手続きが終わって入国することができます。
 レシート以外に正規品であることを証明できる書類としては、**購入した店舗名と公式サイトのURLがあれば大丈夫**です。レシートの用意のみでも問題ありませんが、質問された際にすぐ答えられるように、訪れたお店の情報をまとめて保管しておくと良いでしょう。

韓国に行って商品を仕入れよう！

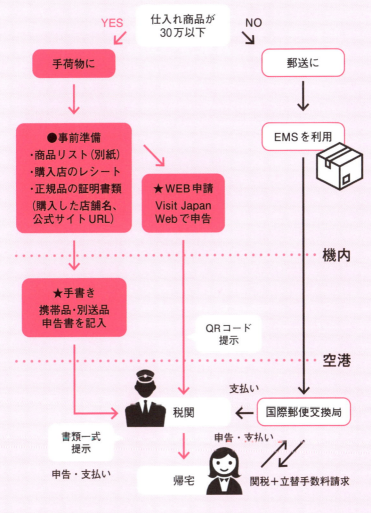

chapter 03

■ホテルでの事前準備

帰国前の準備として、機内で配られる「携帯品・別送品申告書」は仕入れ商品の記載項目が少ないため、別紙に記載します。国際配送にしなければ品目ごとの税率計算は必要ありませんが、航空運賃計算のために重量の申告が必要となるため、リスト化しておくと便利です。

「Tシャツ HSコード」などでWEB検索すると、出てきます。

航空運賃の計算のため、本来は項目ごとに重量の記載が必要です。携帯用の測りを持参するか、ホテルで貸し出している場合もあります。

内容品の記載 (Description)	HSコード	原産国 (Country of Origin)	正味重量 (Net Weight) kg	数量 (Quantity)	単価 (Unit Price) KRW	合計額 (Total Amount) KRW
Tシャツ	6109.90	KOREA		6	30,000	180,000
トートバッグ	4202.92	〃		3	60,000	180,000
アクリルスタンド	3926.90	〃		4	20,000	80,000
ペンケース	4202.92	〃		6	10,000	60,000
ポーチ	4202.92	〃		5	20,000	100,000

例えば、「キティのポーチ」など、詳細は不要です。「ポーチ」など、アイテムごとにまとめましょう

価格はKRW（韓国ウォン）で大丈夫です。

韓国に行って商品を仕入れよう！

■機内での手続き

　機内で配られる「携帯品・別送品申告書」に記入します。

[A面]
1　通常の旅行と同じく、便名、名前、住所、旅行券番号等の記載で問題はありません。

2　⑤を『はい』にします。

3　手荷物のみの場合は『いいえ』、買い付け量が多く、EMSなどで発送している場合は『はい』にします。

[B面]
4　商品、数量、金額を記載します。商品の種類ごとに記載する必要がありますが、記入欄が小さく書き切れないので「別紙に記載」として、準備した別紙を用意します。

5　免税範囲についての記載がありますが、商業用はすべて課税対象なので、これにあてはまらないということになります。

出典：海外旅行から帰国の際には（税関 Japan Customs）
https://www.customs.go.jp/mizugiwa/smuggler/shinkokusho.htm

A面（表）

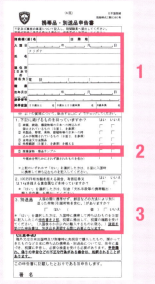

B面（裏）

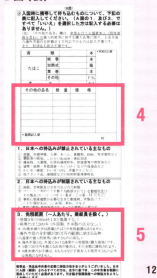

127

chapter 03

■空港での手続き

「携帯品・別送品申告書」を持って、通常の無償利用者レーンではなく、「税関申告あり」の列に並びます。

申告書を提出し、その際にレシート等正規品と証明できる証拠も提出できるように準備してください。税務職員が計算し、税金の金額が言い渡されるので、支払いが完了したら無事終了です。

もしレシートがないと、課税金額をごまかしていると疑われ、荷物検査などで時間を取られてしまう可能性があります。

■WEB申請もできる！

税務申告の一連の流れをWEBで行うことができます。ホテルでWEB申請しておけば、空港では税関職員にQRコードを提示すればOKです。ただし、レシートや正規品を証明できる書類などは別途準備が必要です。以下のサイトより申請できます。

VisitJapanWeb
https://services.digital.go.jp/visit-japan-web/

韓国に行って商品を仕入れよう！

輸入禁制品

・コスメ
個人使用であれば24個まで持ち帰り可能ですが、商業用として仕入れるには、特別な許可が必要です。日本の消費者が安心して使えるように、日本語の成分表や使用上の注意などを表記する必要があるのです。リスクが高いので、避けた方が無難です。

・おもちゃ
商業用として仕入れる場合、対象年齢6歳未満の商品は厚生労働省に届け出が必要です。個人使用でも、子ども本人が使用する場合に限ります。おもちゃを仕入れるときは、対象年齢6歳以上の商品を選びましょう。

・Bluetooth搭載機器
日本電波法認証を取得していないBluetooth機器は、日本では使えません。家電の場合、日本と韓国では電圧も異なるので、扱わない方が無難です。

・コンバース（靴）
日本で商標権を持っている会社が、海外のコンバース製品の輸入については、「商標権の侵害にあたる」として、輸入差し止めを申し立てているためです。仕入れに限らず、個人使用でもNGなので要注意。税関で見つかると没収されます。

・食器
個人使用であれば届け出不要で持ち帰り可能ですが、商業用として仕入れる場合は、届け出が必要です。韓国物販では、可愛い韓食器やスタバのタンブラーも、食器に該当します。

・食品
個人使用であれば持ち帰り可能ですが、商業用として仕入れるのはNG。個人用でも、肉、果物、野菜などは検疫が必須。また、日本で販売するには厚生労働省に届け出が必要です。

※掲載されている情報については、2024年6月までに著者が調査した時点での情報です。情報が変更になっている可能性があるため、最新の情報は、財務省関税局の公式ウェブサイトにてお確かめください。

chapter 03

4

韓国から日本へ荷物を送ろう

- ☑ 韓国から日本へ荷物を送る方法を知る
- ☑ 現地の郵便局で実際に手続きをする

EMS（国際スピード郵便）とは？

　EMSとは、世界120以上の国と地域に30kgまでの書類と荷物を安心、簡単、便利に送れる国際郵便の最速サービスです。現地の郵便局から平日9：00〜18：00のみ発送可能、土・日・祝日は休みなので要注意。発送から2〜3日で到着するので、仕入れや旅行で荷物が多いときに利用すると便利です。

　また、送れないものもあります。詳しくは、日本郵便のサイト（https://www.post.japanpost.jp/int/ems/）を確認してください。

韓国に行って商品を仕入れよう！

郵便局を探して荷物を送ろう

　郵便局は韓国語で「우체국」です。地図アプリに入力して、近くの郵便局を探すのがおすすめです。
　発送の仕方は、とても簡単。郵便局で梱包用の段ボールが購入できるので、その場で梱包して伝票を記入し、窓口で発送手続きをするだけです。多少時間がかかるので、余裕を持って行ってください。

送料の目安（特別運送手数料込）
5kg：43,000ウォン
10kg：60,000ウォン
15kg：76,500ウォン
※2024年8月1日より「特別運送手数料」として、1kgあたり400ウォン（100gあたり40ウォン）が別途付加。

×EMSで送れないもの
・麻薬、大麻などの覚せい剤
・けん銃、機関銃など
・火薬類
・爆発物、可燃物
・わいせつなもの etc.

※爆発物、可燃性のあるものにヘアスプレーや電池（バッテリー）も含まれます。おもちゃや電化製品にはバッテリーが入った状態で売られていることが多いので、出し忘れのないようにしてください。Bluetooth搭載のペンライトもEMSで送れません。手荷物として持って帰りましょう。

体験談 04

推し活をしながら渡韓仕入れでW本業！

名前・年齢	ハロさん・20代
職業／前職	会社員（営業）
実績	9ヵ月で累計利益50万円以上
物販歴	約1年

　きっかけは、韓国旅行のためSNSで情報を調べていたときに出てきたソアさんの投稿。

　韓国情報発信の方だと思って参考にしていたんですが、実はセミナーを開いている方と後で知って。ちょうど今の仕事を転職するか副業を始めるかで悩んでいたので、韓国に頻繁に行けるようになるかも！と決心しました。

　最初の5カ月で利益12万円、また2カ月連続で利益10万円を達成。現在、合計50万円以上の利益を達成しています。目標は年間100万円！　副業ではなく本業が2つ、そんな理想のW本業に向けてさらに頑張ります。

chapter 04

いよいよ仕入れた商品を販売

メルカリで商品を売ってみよう!

chapter 04

1

稼げる出品者になるための下準備をしよう

- ☑ 出品者としてのコンセプトを決める
- ☑ 出品者プロフィールを充実させる

メルカリで稼げる出品者とは？

　ここまで、副業の目的を定めてメルカリを使ってみるところから始まって、渡韓する準備、そして実際に韓国に行って商品を仕入れるところまで、順を追って説明してきました。さあ、いよいよ仕入れた商品を売って、副収入を得るときです！　せっかく手元に良い商品があっても、売れなければ意味がありません。この章では、メルカリで稼げるようになるための準備と、商品が売れるようになる具体的な販売のコツを教えていきます。

お店のコンセプトを決めよう

　アカウント開設ができたら、まずはお店のコンセプトを決めましょう。より専門性を高めることで、商品が売れやすくなります。

■専門店になる

　扱う商品の種類をある程度絞ることで、管理がしやすくなります。商品説明を記入する際も、同じジャンルならばテンプレートを使うなどして、入力する手間を省くことができます。また、リピーターがつきやすくなり、商品がより売れやすくなります。

■コンセプトを持たせる

　ジャンルを決めたら、さらに専門性を持たせます。例えば、ただ韓国のアイドルグッズとするよりも、「(グループ名) グッズ専門店」とした方が、より価値が高まり、リピート率が上がります。「この店なら欲しいものが見つかる」と思わせるのがポイント。ショップ名やショップの説明は、後から変更することができるので、いろいろ試してみましょう。

chapter 04

プロフィールを充実させよう

　第1章の「プロフィールを設定しよう」(49ページ)でも説明しましたが、メルカリではお互いの顔が見えない分、プロフィール欄がどういった店(出品者)なのかを判断する指標になります。ユーザーは商品ページを見て商品を購入しますが、プロフィールを確認し、出品者自体を魅力的だと思ってもらえれば、フォローやリピート購入につながります。そのためにも紹介文はわかりやすく、丁寧に書くことが重要です。**出品している商品のジャンルや取引のスタンスなど、取引相手にとって魅力的で、メリットのあるショップということをアピール**します。

　基本は、**「適度な文章量」と「丁寧な言葉遣い」**です。「よろしくお願いします」のような短い自己紹介だと、人となりもわかりません。信頼できる人物だと思ってもらうには、ある程度の長文でしっかり伝える必要があります。ただし、文章が長すぎても読む気がなくなるので、短すぎず・長すぎずの、適度な文章量を心掛けて。取引する相手は、顔の見えない他人です。語尾を丁寧な口調にするだけでも、しっかり対応してくれそうな印象を与えることができます。

では、具体的にどうすればいいのか。実際にショップの紹介文例を見ていきましょう。

【良い紹介文例】　　【イマイチな紹介文例】

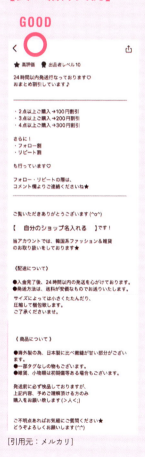

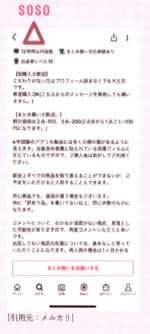

[引用元：メルカリ]

chapter 04

冒頭部分

比較してみると、まず文章の始まりが違います。良い例の説明文では、冒頭でメリットを提案できています。しかも、まとめ買いの割引額もわかりやすく提示されています。フォロー割やリピート割など、お得な情報も載っています。

「もっと見る」機能

メルカリの紹介文は、「もっと見る」を押さないと、文章がすべて見れないようになっています。そのため、良い例文のように、冒頭で「おまとめ割引しています♪」と書いておくことで、続きを読みたいと思わせることができます。

[引用元：メルカリ]

メルカリで商品を売ってみよう！

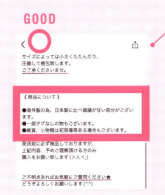

後半の文章です。パッと見て、読みやすさが全然違います。改行は必ず入れましょう。見づらい文章だと読み飛ばされてしまいます。ポイントを押さえた箇条書きですっきり見せると伝わりやすくなります。

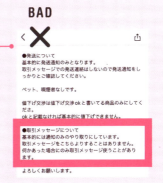

否定的な言い方

「しません」のような、否定的な言葉を使うと印象が悪くなります。ぶっきらぼうな書き方もNG。においが気になる人やアレルギーがある人もいるので、ペット、喫煙者の有無が書いてあるのは◎。

プロフィール文のポイントまとめ

☑ 紹介文はわかりやすく丁寧に（改行などを入れて、読みやすく！）

☑ 冒頭でメリットを入れる
例）セール情報（フォロー割、おまとめ割など）、送料無料

☑ 挨拶＆簡単な自己紹介文
例）ご覧いただきありがとうございます。
　　韓国ファッション＆雑貨のお取り扱いをしています。

☑ 取引のスタンス
例）日中は働いているため、返信は21時以降になります。

☑ ペットや喫煙の有無
例）猫を飼っているので、アレルギーの方はご遠慮ください。

chapter 04

2

出品・発送・販売の テクニックを学ぼう

- ✓ 機材を買って商品の撮影環境を整える
- ✓ 商品説明のテンプレートを作る
- ✓ 売り上げを伸ばすための工夫をする

トップ画像は何よりも大事

メルカリの検索結果には、商品タイトルは表示されません。表示されるのは、写真と価格のみ。数ある商品の中から自分のページを見てもらうには、ユーザーを引きつける写真を載せることが必須です。**写真が良くないと、いくら商品が良くても購入にはつながりません**。トップ画像で売れ行きが決まると肝に銘じ、特にキレイな写真を載せるように心掛けてください。また、メルカリの商品写真は最大20枚（メルカリShopsは10枚）まで掲載可能です。ただ、

多ければ良いわけではなく、商品がよくわかる写真を適切な枚数載せましょう。

写真を上手に撮るコツとは？

映える写真を撮るポイントは、光・背景・角度。**明るくキレイに見せるには、自然光で撮るのがおすすめ**です。商品の色も比較的忠実に再現できます。明るくしようとフラッシュを使うと、白飛びして商品の色や素材感がわかりにくくなったり、安っぽく見えたりするので注意が必要です。

背景に物が写り込んでしまうと生活感が出てしまい、見た目も悪くなります。毛布、ソファ、ベッドの上での撮影は極力避け、服ならば壁にかけたり、床に置いたりして撮るのが基本です。

最後は角度です。真正面から撮るよりも**少し角度をつけて斜めから撮ることで奥行き感が出て、見栄えが良くなります**。箱やタグなど付属品も一緒に撮りましょう。

chapter 04

撮影がラクになる機材を買う

　日中は仕事で写真撮影ができないし、背景にちょうどいい壁や床がない……という人は、LEDライトつきの撮影キットなどを買うのも手。通販サイトやホームセンターで、お手頃な価格で購入できます。

　洋服など大きなものは、布や壁紙シールなどを買って対応するのがおすすめです。さらに三脚やライトなども準備しておくと、より安心です。

写真を掲載するときのコツ

　ユーザーが最初にチェックするのは、1枚目の写真と価格です。そこで、より多くの人に目を留めてもらうために、写真にブランド名、サイズ・カラー表記などの文字を入れるといった工夫をしていきましょう。メルカリでは、**目立っている商品の方が高く売れる傾向にあります**。「期間限定」や「数量限定」など、引きのある言葉を入れるのもおすすめです。

【良い掲載写真例】

- ⓐ 購入意欲をそそるひと言(「完売品」「最後の一着」etc.)
- ⓑ 引きのあるキャッチ(「送料無料」「割引あり」etc.)
- ⓒ サイズ・カラー表記がある
- ⓓ ブランドやアイテム名が一目でわかる

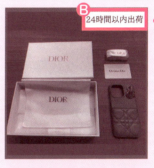
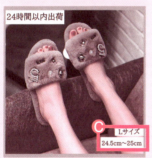

[引用:メルカリ]

写真撮影のポイント

- ✓ 何より1枚目の写真が最も映えるので大事
- ✓ 商品がパッと見でよくわかるように心掛ける
- ✓ 公式サイトをそのまま使わない(撮り方を真似する)

chapter 04

稼げる文章の作り方を覚えよう

タイトル&説明文

商品の説明は、**写真だけではわかりにくい微妙なニュアンスを伝えましょう**。説明文は3000文字まで入力できますが、あまり長いと見る気をなくしてしまうので、あくまで必要な情報のみと心得て。**冒頭にメリットなど、相手を引きつける言葉**、その次に**商品の色や素材、サイズなどの基本情報**、商品の特徴などの詳細情報を入れます。検索されやすくするためにハッシュタグをつけることも有効です。

商品の説明

ご覧くださりありがとうございます♡

1 まとめ買い&shopフォローで
お得な割引あり♡

2 韓国 公式
POPUP STORE

Enjoy How Sweet moments with NewJeans

3 ニュージーンズ
韓国ポップアップ 限定グッズ

韓国のLINEフレンズで購入しました。
ペンライトにセットしても可愛い♡

4 海外製のためわずかなスレ等
ある場合がございます。

ご理解のうえ購入をお願い致します。

5 コメントなし即購入OKです。

☆ストラップ TOKKI
・新品未開封
・ラスト1点です!
まとめ買い希望でしたらご連絡ください。

6 他にも韓国限定new jeans商品
出品しています!
↓
#

7 Linefriends
ラインフレンズ
Collerコラボ
ニュージーンズ
ニュジ
ハニ
ミンジ
ダニエル
ヘリン
ヘイン
TOKKI
トッキ

グループ名…NewJeans

[引用:メルカリ]

1 冒頭は相手を一番引きつける言葉

相手を引きつける言葉＝相手にとってのメリット。出荷日（24時間以内出荷等）、割引（まとめ割、フォロー割、リピート割等）、などについて。冒頭に挨拶文は不要。

2 商品名や詳細を記載

タイトルにも書いていますが、もう一度強調します。

3 色や素材、サイズの詳細など商品の特徴

色、素材、サイズ（丈、縦横の長さなど）を記載。その他、商品の特徴、おすすめポイントなども入れます。

4 注意事項を記載（トラブル防止のため）

「海外製のため初期キズあり」、「縫製が甘い」、「汚れ、べたつき、においあり」など。不明な点はコメントするように促しておくのもおすすめです。

5 取引のスタンス

コメントなしで購入できるか気にする人も多い。まとめ買いで安くなるのをアピールするのもおすすめ。

6 ほかの商品の宣伝も併せてするとGOOD

ハッシュタグで自分が出品しているほかの商品に誘導できます。カテゴリーごとに分けると効果的。

7 ハッシュタグを入れる

メルカリでは、ハッシュタグの過剰な羅列は禁止されているので、必要なハッシュタグのみつけること。

chapter 04

テンプレートを作って保存

　説明文は繰り返し使うので、スマホやパソコンのメモ機能にテンプレートを保存しておきましょう。写真と文章を準備しておけば、スマホさえあれば、隙間時間を利用してどこでも出品作業ができます。

　お客様に安心感を与えるような文言を書いておくのがコツです。

■説明文の先頭に書く文言

・24時間以内に発送します

・即購入OKです

・在庫1点のみです

・再入荷した人気商品です

・新品、未使用品

・割引情報

　(例) ▶おまとめ割引
　　　　2点以上→〇円引き
　　　　3点以上→〇円引き
　　　　4点以上→〇円引き
　　　▶フォロー割引
　　　▶リピート割引
　　　▶本日限定セール

■発送方法も書いておく

・ご購入後、24時間以内に発送します
・〇時までのご購入で、当日出荷いたします！
・匿名配送
・即日出荷
・全国送料無料
・お急ぎの方は対応いたしますので、コメント欄よりご連絡ください

　人は面倒くさかったり、上から目線で指示されたりすることを嫌います。なので、すぐに購入してもらいやすい文面を載せておくと良いです！

（例）
・必ず購入前にコメントください
・コメントなし購入NG
・無言で購入しないでください
・購入前のコメントは必要ありません

・即購入OK
・コメントなしで購入できます！
・コメントなしでご購入いただけます

chapter 04

損をしない価格設定のコツ

　第1章で学んだ価格設定の仕方（P55）をおさらいしてみましょう。まず、基本的に売りたい価格の少し上の金額に設定することが大切でした。

販売価格＝
売上目標金額＋送料＋販売手数料＋値下げ交渉金額

　商品を新しく仕入れる場合、その時点で元手がかかっているため、利益を得るには、仕入れ価格を差し引いて考えなければいけません。

販売価格＝
売上目標金額（仕入れ価格＋利益）＋送料＋販売手数料

　仕入れ価格より高く売れれば売れるほど利益は出ますが、高く設定しすぎても売れ残ってしまうので、不用品販売のときと同様に、類似商品の販売履歴から決めていきます。
　このとき「売り切れ」検索だけでなく、「販売中」の検索も使うことで、現在の市場価格を正確に把握できるので、適切な価格設定をすることができます。

梱包や発送を工夫してコストを下げる

　商品を発送するには、送料のほかに梱包にもお金がかかります。少しでも利益を多くするには、削減できるコストはできる限り下げたいところ。でも、梱包に手間がかかるし、面倒くさいという声も聞きます。とはいえ、商品に合わせて梱包しないと送料が高くなってしまうので、できるだけコンパクトに梱包する必要があります。もし乱雑に梱包して、配送中に汚れてしまったり破損してしまったりしたら、元も子もありません。

　おすすめなのが、100均にある梱包材。安いうえに種類も豊富で、サイズなども選べるのが便利です。どうしても買わなくてはいけない材料以外は、再利用するのも手。ショッパーやエアクッション、段ボールなどは、使い回しできるものも多いです。なかには神経質な方もいるので、トラブル防止のため、商品ページにその旨を明記しておくと良いでしょう。

chapter 04

配送方法について知っておこう

　送料をきちんと把握しておかないと、思いのほか送料が高く、想定していた販売利益が出ないことがあります。できるだけ利益を出すために、配送方法や送料を、確認しておきましょう。

■らくらくメルカリ便
https://jp-news.mercari.com/more/rakuraku-mercari/

発送場所
・自宅（集荷に来てくれる）　・ヤマト営業所
・セブン-イレブン　・ファミリーマート
・宅急便ロッカーPUDO

❶ 宛名書き不要

❷ 全国一律の送料

❸ 対応サイズが幅広い

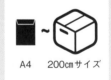

❹ 確認できる配送状況

❺ あんぜん匿名配送

❻ あんしん配送サポート

らくらくメルカリ便の方が比較的安く利用できますが、例えば、宅急便コンパクトに納まらないものは宅急便60サイズ以上での発送となります。この場合は、ゆうパケットプラスの方がお得になることがあります。さらに、ゆうパケットポストもうまく活用することで、送料を節約できます。

■ゆうゆうメルカリ便
https://jp-news.mercari.com/more/yuyu-mercari/

発送場所
・郵便局　・郵便ポスト
・ローソン
・スマリボックス

chapter 04

サイズ別の配送料金／らくらくメルカリ便

	ネコポス （A4サイズ・厚さ3cm以内・重さ1kg以内） アクセサリー、スマホケース、薄手の衣類などに ※集荷の場合は、ネコポスはお使いいただけません ※最小サイズは23cm×11.5cm（長3封筒もご利用いただけます）	全国一律 210円（税込）
	宅急便コンパクト 子供服、小型のおもちゃ、雑貨などに ※集荷の場合は、取引ごとに集荷料100円（税込）が追加で発生します（配送料別） ※専用箱は別途購入70円（税込） ※専用箱は2種類 　専用BOX（縦20cm×横25cm×厚さ5cm） 　専用薄型BOX（縦24.8cm×横34cm、収納時の厚さは外寸5cmまで） ※ヤマトの営業所にてお買い求めください（一部コンビニでも販売されている場合がございます）	全国一律 450円（税込）
	宅急便 包装資材を含めた荷物の縦、横、高さの合計サイズ 厚手の衣類、くつ、大量の食料品などに ※集荷の場合は、取引ごとに集荷料100円（税込）が追加で発生します（配送料別） ※すべて全国一律の税込料金	60サイズ（～2kg）：750円 80サイズ（～5kg）：850円 100サイズ（～10kg）：1,050円 120サイズ（～15kg）：1,200円 140サイズ（～20kg）：1,450円 160サイズ（～25kg）：1,700円 180サイズ（～30kg）：2,100円 200サイズ（～30kg）：2,500円

※配送料以外に発生する費用（梱包材など）
→ネコポス（封筒）
→宅急便コンパクト（専用箱70円）
→宅急便（段ボール100～500円）

出典：配送方法 早わかり表（メルカリ）
https://help.jp.mercari.com/guide/articles/1080/

メルカリで商品を売ってみよう！

サイズ別の配送料金／ゆうゆうメルカリ便

	ゆうパケット （A4サイズ・厚さ3cm以内） アクセサリー、書籍、薄手の衣類などに 3辺合計60cm以内（長辺34cm／厚さ3cm以内／重さ1kg以内）	全国一律 230円（税込）
	ゆうパケットポスト 専用箱／発送用シール使用で郵便ポストに投函可能なもの（重さ2kg以内） ※ゆうパケットポスト専用箱：別途購入65円（税込） ※専用箱サイズ（縦32.7cm×横22.8cm×厚さ3cm） ※発送用シール（10枚入）：別途購入75円（税込） ※発送用シール（20枚入）：別途購入100円（税込） ※郵便局、ローソンなどにてお買い求めください	全国一律 215円（税込）
	ゆうパケットポストmini ※ゆうパケットポスト封筒：別途購入20円（税込） ※郵便局でお買い求めください	全国一律 160円（税込）
	ゆうパケットプラス （厚さ7cm以内・重さ2kg以内） 衣類、小型のおもちゃ、雑貨などに ※専用箱は別途購入65円（税込） ※郵便局、ローソン、メルカリストアにてお買い求めください	全国一律 455円（税込）
	ゆうパック （60サイズ〜170サイズ・重さ〜25kg） 包装資材を含めた荷物の縦、横、高さの合計サイズ 厚手の衣類、くつ、大量の食料品などに ※すべて全国一律の税込料金 ※重量は一律25kgまで ※ゆうゆうメルカリ便の最大サイズは170サイズ	60サイズ：770円 80サイズ：870円 100サイズ：1,070円 120サイズ：1,200円 140サイズ：1,450円 160サイズ：1,700円 170サイズ：1,900円

※配送料以外に発生する費用（梱包材など）
→ゆうパケット（封筒）
→ゆうパケットポスト（専用箱or発送用シール）
→ゆうパケットプラス（専用箱65円）
→ゆうパック（段ボール100〜500円）

chapter 04

もっと売れる メルカリ販売テクニック

メルカリは、評価数が多いアカウントが優遇されて表示されるシステムではありません。出品した商品は商品カテゴリーごとに新着順で表示されます。また、第1章でも述べましたが、値下げすると上位に表示されるシステムになっているようです。

自分のページを上位に表示させることで多くの人の目に触れ、購入につながる機会が増えます。そのため、出品するタイミングはかなり重要。出品の時間帯や値下げのタイミングを調整することで商品が早く売れるようになり、売り上げアップにつながります。

出品する時間帯を調整する

出品する時間帯は、一般的にスマホを見ている人が多い夜（21時頃）が良いといわれていますが、販売する商品のカテゴリーによっては、当てはまらない場合があります。そのため、出品する商品によって時間帯を調整するのが効果的です。

まずは、出品前に「どのターゲット層に需要があ

るか」を考えてみてください。誰が買ってくれるのか=販売ターゲット層です。そのターゲット層がスマホを見る時間を想定して商品の出品を行うことで、購売につながる確率が上がります。

■主婦がスマホを見る時間帯

・10時〜14時

　お子さんの有無にかかわらず、夫を仕事に送り出したあとホッと一息つく時間帯です。10時前に出品しておくことで、主婦層に売れやすい傾向があります。

商品例)
・キッチン用品　・インテリア用品　・日用品　・子供服
・自分用の服、雑貨、アクセサリー　・生活家電　など

■社会人がスマホを見る時間帯

・7時〜9時（通勤時間）　・12時頃（昼休憩）

・20時以降（帰宅後）

　通勤時間や昼休み、帰宅後（夜）の時間帯にスマホチェックをします。なかでも夜、帰宅後の20時から就寝前の0時頃が一番売れやすい時間帯です。

商品例)
・スマホアクセサリー　・ゲーム機、ソフト　・仕事用品
・自分用の服、雑貨、アクセサリー　・生活家電　など

chapter 04

■学生がスマホを見る時間帯
・夕方～深夜（帰宅後）　・7時～9時（通学時間）

　学生向けの商品を出品するなら、夕方～夜がおすすめです。学校が終わる16～19時と、寝る前の21～23時が売れやすい時間帯です。

商品例）
・スマホアクセサリー　・ゲーム機、ソフト
・自分用の服、雑貨、アクセサリー　・美容家電　など

季節感を考えて出品する

　メルカリに服や小物など季節商品を出すときは、タイミングが大切です。冬にサングラスやTシャツは欲しいと思う人が少ないですよね？　出張や旅行など、需要がないわけではありませんが少数派。売れたとしても価格が安くなったりしてしまうので、なるべく季節に合ったものを出品しましょう。

　タイミングはアパレルなどの実店舗を参考に、あとは自分の肌感覚で大丈夫。セールが始まると売れにくくなるので、シーズンのピークより少し前に出品しましょう。

シリーズ物は一気に販売

　トレーディングカードやアニメグッズなどシリーズ物は、できるだけ短期間で集中的に出した方がコレクターの目に留まりやすくなります。違う商品も出していないか、チェックすることが多いからです。K-POPなどアイドルグッズも、こちらに当てはまります。丁寧に対応しておくことで、リピーターになってくれる確率も高くなります。

まとめ売りでお得感を出す

　単価の安い商品は、送料込みで出品価格を設定するので、単品販売をすると割高になります。そうすると、出品してもなかなか売れません。

　人間の心理として、この価格で単品で購入するなら、2個セットで1個あたりの単価がお得になる「おまとめ品」を購入したい、と思ってしまうためです。消耗品であればなおさらです。

　まとめ販売することで、出品者も送料を節約できるので、お得な価格で商品を販売できるようになります。

chapter 04

3

商品管理・売上管理をしよう

- ☑ 売上管理表を作る
- ☑ 仕入れ管理表を作る
- ☑ 在庫リストを作る

管理票を作って取引を把握しよう

より多く稼ぐためには、ただ漠然と仕入れをし、出品・発送するのはあまり良いことではありません。個々の取引が現在どのような状況であるかを把握することによって、仕入れ金額や売上目標も立てやすいですし、売れている商品も明確になり、稼げるチャンスを逃しません。

売り上げ&仕入れ管理表、在庫リストなどをExcelなどで作成しておくと便利です。具体的にどういったことを管理するのか、見ていきましょう。

売上管理

売上管理は、物販ビジネスの基本ともいえるもの。販売日、売り上げ、仕入れ数、利益、利益率、購入者情報など基本情報を管理します。どの商品が人気で売れ筋なのか、購入するターゲット層は何歳ぐらいなのか、などがわかるようになります。

仕入れ管理

売上管理と一緒にしてもいいのですが、仕入れの進捗状況を確認できるものを別に作っておくと便利です。購入先や商品名、商品数などを入れることで、どの店舗で購入すると利益率がいいかなどが把握できるようになります。商品リストの進化版と考えてください。

在庫リスト

商品の在庫を管理するためのリストです。複数の商品を出品していると、個々の取引の状態がわかりにくくなります。気づいたら大量の在庫を抱えていた……ということにならないためにも、きちんと管理しておくことが大切です。カテゴリーやアイテム、色、サイズ別に細かく記入しておくと便利です。

chapter 04

4

メルカリの中でお店が持てる「メルカリShops」とは？

POINT

- ☑「メルカリ」と「メルカリShops」の アカウントの違いについて知る
- ☑「メルカリShops」の便利な機能を知る

メルカリとメルカリShopsの違い

スタートアップの人はメルカリ、さらに上を目指したい人は、「メルカリShops」の開設もおすすめです。メルカリShopsとは、メルカリの中に自分のお店が持てるサービスです。出店からショップ運営に関わるすべての作業がアプリ上で完結するため、スマホ1つで気軽にネットショップの開業・運営ができます。またメルカリShopsでは初期費用や月額使用料もかからないため、コストを抑えながら物販ができるのもいいところ。

では、通常のメルカリとは何が違うのでしょうか。まずは出品者です。メルカリは個人が不用品を出品できるフリマサービスですが、メルカリShopsでは個人事業主や法人も出品が可能です。また、在庫の登録や管理ができたり、冷凍や冷蔵に対応するクールメルカリ便もあったりと、一般的なネットショップのような機能を持っています。

アカウントの使い分けができる

メルカリShopsとメルカリでは、違うアカウントになるため、今までのアカウントは不用品を出品する場所にし、本格的な副業をするための場所としてメルカリShopsを活用するのがおすすめです。

アカウントを別にできるので管理もしやすく、例えば韓国物販の専門ショップを開設し、「韓国アイドルグッズ専門店」のようにアカウント名で商品をアピールすることも可能です。さらに、個人事業主または法人で登録している場合は、1つのショップを複数人で管理することもできるため、作業によって担当者を変えるといったことも可能です。

chapter 04

事業者向けの便利な機能が利用できる

　メルカリShopsは、法人利用を想定したサービスなので、事業者向けの便利な機能がいろいろあります。SNS連携機能や注文一覧のダウンロード機能、売り上げ明細のダウンロード機能などが利用でき、さらに、ショップを気に入ってくれた方にメルマガを送る機能もあります。新着商品の情報やセール情報などのお知らせを届けられるので、販促につながります。「通知機能」や「タイムセール機能」といった、商品が売れやすくなる機能を活用できるのも魅力です。

　また、1アイテムずつしか出品できないメルカリと違い、メルカリShopsでは、複数の商品をまとめて出品・在庫管理ができるのも特徴です。そのため、取り扱い商品数が多くても、在庫管理がしやすくなります。例えば、複数の商品を一括で在庫登録をし、特定の商品を色やサイズなどの種類別に管理することなども可能です。メルカリShopsは、利用者の制限はないため、副業でもっと稼ぎたい人、事業として継続的に利用したい人にもおすすめです。

メルカリShopとメルカリの違い

	メルカリShops	メルカリ
出品者	個人・個人事業主・法人	個人
出品可能な商品	新品や中古品（※中古品の場合は古物商許可が必要）	新品・中古品
初期費用や月額使用料	無料	無料
販売手数料（決済手数料を含む）	10.0%（※キャンペーンで無料になることも）	10.0%
在庫登録	設定可能	不可
種類登録（色やサイズ）	設定可能	不可
発送方法	らくらくメルカリ便、クールメルカリ便	らくらくメルカリ便、ゆうゆうメルカリ便
在庫連携・受発注管理	可能	不可

出典：メルカリShopsの特長やメルカリとの違いを解説！（メルカリShopsマガジン）
https://shops.mercari.com/magazine/posts/30005

体験談 05

楽しく物販に取り組みたくて韓国物販に参入！

名前・年齢	ゆかさん・40代
職業／前職	輸入販売
実績	2ヵ月目で20万円の利益
物販歴	経験者

　私は物販経験者で、安定して月に30〜40万円、繁忙期はその3倍以上の利益も得ていました。ただ、ある程度安定してからは作業化し、楽しめなくなっていました。そんなときに韓国物販と出合い、自分が好きな韓国という要素をかけ合わせるだけで、すごく楽しくなったんです。もともと基本的な知識やリサーチ力などはありましたが、関税の知識などもきちんと学び直しました。

　韓国旅行の費用を物販でペイしたい人だけでなく、「韓国物販」と聞いてなんかワクワクする人は向いていると思います。

chapter 05

国内にいながら「ながら副業」

在宅韓国輸入の
ノウハウを知ろう!

chapter 05

1

卸サイトをリサーチして商品を1つ仕入れよう

- ☑ 国内にいながら商品を仕入れる方法を知る
- ☑ まずは無料の販売サイトでアカウントを登録する
- ☑ 実際に売っている商品をリサーチする

卸サイトでの在宅韓国輸入仕入れについて知ろう

　安定的に売り上げを立てたいなら、商品を定期的に仕入れないといけません。韓国に仕入れに行けるのがベストですが、頻繁に行くのはなかなか難しいですよね。そんなときに活用したいのが、韓国の商品を扱っているECサイトから買い付ける方法です。現地仕入れに比べて原価が高くなるため薄利多売にはなりますが、月収10万円は十分に目指せます。渡韓が難しい人でも副業にチャレンジできるのです。

在宅韓国輸入で利用するECサイトは、大きく分けて2種類あります。商品を原価に近い価格で販売している卸売専門の仕入れサイトと、物価が日本よりも安く、比較的安価で商品を仕入れることができる海外のECサイトです。卸売専門サイトは、個人だと登録できなかったり有料だったりすることもあるので、まずは個人で登録できる無料のサイトを見てみましょう。

卸サイトを使って在宅でリサーチしよう

日本にいながら利益率の高い商品を仕入れるためには、まず売れ筋の商品をリサーチしましょう。人気ランキングやキーワード検索など、詳細条件を設定して検索するだけなのでとても簡単です。スマホ1台あればどこでもできるので、仕事の合間や通勤途中など、隙間時間を活用してリサーチできます。また、こうしたリサーチが有効なのは、韓国の商品に限ったことではありません。海外のあらゆる商品について調べられるので、積極的にリサーチをするようにしましょう。

chapter 05

国内で仕入れるのにおすすめの商品は？

海外のECサイトから商業用に輸入する場合、慣れないうちは、服などかさばるものよりコンパクトな小物や雑貨など、輸送費がなるべく抑えられるような商品を中心にリサーチすると良いでしょう。

とはいえ、人気のない商品をリサーチしても意味がありません。また、季節性やトレンド性の高いアイテムも初心者は避けた方が無難です。以下に比較的扱いやすい商品を挙げてみたので、参考にしてください。

おすすめの商品ジャンル

- アイドルやキャラクターのグッズ
- 靴、バッグ、帽子などのアパレル小物
- アクセサリー、ヘア小物
- スマホケースなど雑貨類
- ベビー、キッズ用品

利益を出しやすい卸仕入れサイトとは？

代表的なサイトが「NETSEA」。現地の問屋さんなどから商品を格安で仕入れることができるオンライ

ンショップです。ほかにも低価格で海外の商品を販売するサイトはたくさんありますが、ここでは韓国商品の取り扱いがあるサイトを中心に紹介します。ただ、店舗数が限られてくるので、仕入れ値の安い中国系のショップも併用するのがおすすめです。

　韓国の東大門卸市場でも、中国から仕入れているmade in chainaの商品がたくさんあります。在宅韓国輸入では、ノーブランド品を仕入れるため、いかに安く仕入れができるかが利益を出すポイントに。そのため、仕入れ値が安い中国のECサイトも利用し、「韓国系のデザイン」「韓国で流行りのファッション」「韓国風のもの」を探していきます。

　卸売専門の仕入れサイトには会員登録が無料のサイトと、登録料が必要なサイトがあります。また、個人事業主や法人でないと登録できないサイトもあります。仕入れと販売に慣れるまでの間は、経費のかからない無料サイトで仕入れるのがおすすめです。

　海外のECサイトに登録するのに抵抗があるという人は、ドラッグストアやホームセンターなど身近にある量販店で仕入れる手もあります。セール品などでお得な商品を見つけられれば、利益が出せる可能性があります。

chapter 05

在宅仕入れおすすめショップリスト

【無料サイト】

① NETSEA（ネッシー） https://www.netsea.jp/

まず始めに登録してほしい、日本最大級の商品数を誇る、問屋・卸売・仕入れ専門サイト。無料で会員登録ができ、審査は個人でも通過できます。

② Qoo10（キューテン） https://www.qoo10.jp/

EC大手のeBay Japanが運営するネット通販サイト。コスメが有名ですが、アパレルから雑貨、家電、K-POPグッズまで豊富。メガ割りなどのセールも有名。

③ Amazon（アマゾン） https://www.amazon.co.jp/

Amazonで安く買った商品が、メルカリで意外と高く売れることも。「ノーブランド品」で検索し、低価格のアクセサリーや服から高く売れそうな商品を見つけてみて。

④ WITHMUU（ウィズミュー） https://withmuu.com/jp

韓国にリアル店舗もある、人気K-POPアイドルグッズショップのサイト。CDや雑貨などを中心に販売。EMSに対応していて、7〜15日ほどで届きます。

⑤ weverse shop（ウィーバース ショップ） https://shop.weverse.io/ja

いろいろなK-POPアイドルの推しグッズを購入できる、アーティスト公式グッズストアの大手。GLOBALとJAPANがあり、どちらからでも購入可能。

6 SHEIN（シーイン） https://jp.shein.com/

中国発のファッション通販サイト。実店舗はなくオンラインのみで販売。海外発送にも対応し、2,000円以上購入で送料も無料に。とにかく安い！　韓国系のアイテムも豊富。

【有料サイト】

7 淘太郎（タオタロウ） https://www.yiwutaro.com/

日本向けの、中国商品の卸売専門仕入れサイト。中国最大級のネットショップ、アリババからの仕入れが可能なので、韓国トレンドの商品を探しましょう。個人でも登録可能。
〈利用代金〉
一般会員：商品代金の5%、月額会員：3万円／月
※その他、中国国内送料、国際送料、手数料が発生。

8 Sinsang Market（シンサン マーケット） https://sinsangmarket.info/jp

現地に行かず韓国ファッションの仕入れができる、韓国最大級のアパレル卸・卸売・仕入れサイト。利用登録の審査基準がかなり厳しい。
〈利用代金〉
仕入れ手数料：30%

9 TOPWHOLE（トップホール） https://topwhole.shop/

卸価格で韓国ファッションが購入できる、会員制のアパレル仕入れ専門通販サイト。トレンドアイテムが1点から仕入れられます。登録は個人でも可能。
〈利用代金〉
会費：3,300円／月

chapter 05

2

仕入れ方法や
商品選びのコツを覚えよう

- ☑ 国内仕入れで利益が出る仕組みを知る
- ☑ さまざまなリサーチ方法で仕入れ商品を選ぶ
- ☑ 商品リストを作って利益額を計算する

失敗しない仕入れ商品の
見つけ方とは？

リサーチでお得な商品を見つけたと思っても、そもそも販売価格が安ければ利益は出ません。例えば、1個500円で商品を仕入れることができても、1,000円でしか売れないなら、意味がありません。メルカリの送料や販売手数料を引いただけでも、手元に残るのはわずか。仕入れ時にかかる経費を加算したら、赤字になってしまいます。

この商品をこんなに安く仕入れられる！と焦って購入する前に、まずはほかのショップがいくらで販売しているのかを確認し、販売手数料や送料、仕入れ価格（関税を含む）を引いても十分に利益が出るかを判断する必要があります。

利益額の計算フォーマットを作成し、きちんと確認してから仕入れるようにしましょう。巻末（190ページ）に、商品ごとに利益額が計算できるフォーマットがダウンロードできる特典の案内があるので、ぜひ活用してみてください。

▶

利益額の計算フォーマット

メルカリ販売価格：＿＿＿＿＿＿円

メルカリ手数料：　＿＿＿＿＿＿円

メルカリ送料：　　＿＿＿＿＿＿円

仕入れ値：　　　　＿＿＿＿＿＿円

仕入れ時送料：　　＿＿＿＿＿＿円

関税：　　　　　　＿＿＿＿＿＿円

＝利益額：　　　　＿＿＿＿＿＿円

chapter 05

いろいろなリサーチ方法を試そう！

リサーチ方法は、まだまだたくさんあります。売れ筋ランキングやタイムセールなど、さまざまな角度から検索して売れ筋商品を見つけましょう。

ランキングリサーチ

売れ筋ランキングをチェックすることで、リアルタイムの人気商品など、トレンドを知ることができます。まずは、自分が好きで興味が持てるジャンル、リサーチしていて楽しいジャンルにしましょう。

【リサーチ手順例】

① サイトのメニューからランキングをチェック
② カテゴリー→アイテムの順に絞る
③ ランキングが表示されたら、「週間」「月間」からリサーチ
④ まずは週間1位の商品の、メルカリでの販売実績を確認
⑤ 仕入れサイトでその商品を検索し、卸値から利益率を計算
⑥ ほかにこの商品を仕入れられる安いショップがないか検索
⑦ より安いショップを見つけたら、再び利益率を計算する
⑧ ショップの販売情報を確認し、ほかに良い商品があるか探す

※「NETSEA」以外のサイトでは表記が異なる場合があります。

キーワードリサーチ

「韓国」「シューズ」など、カテゴリーやアイテム名を組み合わせれば、よりピンポイントな売れ筋商品を探せます。キーワードの決め方は、メルカリやランキングリサーチで見つけた売れ筋商品や、ファッションのトレンドワードなどがおすすめです。

　キーワード検索はメルカリに限らず、仕入れサイトやGoogleなど、どのサイトでも使えるのです。

【リサーチ手順例】

① 　メルカリで売れ筋をチェック

② 　売れ筋商品を見つけて、仕入れサイトで探す
　　（Google画像検索で探すと便利）

③ 　同じ商品を扱うショップを探し順番に見ていく

④ 　安いショップを見つけたら販売ページを確認

⑤ 　念のため、卸サイトの価格もチェックして比較

chapter 05

トレンドリサーチ

　韓国商品の仕入れは、トレンドを把握しておくことが大切です。日々の情報収集が利益を伸ばすコツになります。X（旧Twitter）が一番情報拡散が早いSNSなので、「韓国 トレンド」などで検索し、定期的にチェックしましょう。韓国現地のトレンドアイテムは、韓国好きの日本人からの情報も大いに役立ちます。

　また、Yahoo!のリアルタイム検索や、韓国のECサイトで検索するのもおすすめです。

①X（旧Twitter）

　韓国のトレンドやニュースを発信しているアカウントが多数あるので、複数フォローして、日ごろからの情報収集に努めましょう。

②Yahoo!リアルタイム検索

　Xと違う検索結果が出てくる可能性もあるので、両方検索します。今話題のトレンドがわかります。

③韓国のショッピングサイトで検索

韓国で有名なショッピングサイト「NAVERショッピング」(https://shopping.naver.com) のランキングを見ていきます。

デイリーのベストセラーやカテゴリーごとのトレンドキーワードが表示されるので、とても便利です。韓国語のサイトなので、自動翻訳機能（77ページ参照）を上手に使いましょう。

セール品リサーチ

タイムセール、決算セールなど、お得に買える商品を探す方法です。お得だと思える商品を見つけても即買いせず、必ずほかのショップで販売実績を検索して、利益を計算するのを忘れないようにしましょう。

chapter 05

3

在宅韓国輸入を
上手に使いこなそう

☑ 市場のトレンドを把握するクセをつける
☑ 日頃から購入者のニーズや動向を意識する

在宅韓国輸入はリサーチが命！
検索グセをつけよう

　季節やトレンドによって、売れ筋の商品は変化していきます。夏にはTシャツ、冬であればコートが売れるように、世の中のニーズは、すごいスピードで変わっていきます。特に韓国商品はトレンドに左右されやすく、今の流行りをしっかり把握しておくことが重要です。SNSなどをチェックし、日韓両方のトレンドに目を光らせておきましょう。

　こういった市場の流れをチェックするためにも、日頃からメルカリのタイムラインを見たり、仕入れ

サイトのランキングをチェックしたりするなど、リサーチを欠かさないようにしましょう。

そうして見つけたトレンド商品についても、カテゴリーを絞り込んで検索するクセをつけると、流行の傾向が掴めてきます。結果として、仕入れるべき売れ筋商品の特徴がわかるようになるはずです。

在庫を抱えないために
覚えておきたいこと

大事なのは、購入者目線を忘れないこと。いくら良い商品でも、欲しいと思う人がいなければ在庫となってしまいます。韓国内でのトレンドはもちろん、ユーザーのニーズをくみ取ることが大切です。日本でも流行りそうかなど、冷静な目で分析することも大切です。

そして、どんな情報もいずれ古くなります。今回高値で売れたからといって、次も同じように売れるとは限りません。一度成功したノウハウも通用しなくなるときが必ず訪れます。日頃より情報収集を習慣化して常に最新の情報を手にすること、そして自分の中の蓄積や情報を更新していくことが大切です。

体験談 06

韓国物販で夢の日韓2拠点生活へ

名前・年齢	かよさん・40代
職業／前職	美容師
実績	毎月約10万円の利益
物販歴	約1年8カ月

　本業は美容師です。コロナ禍で収入がアルバイト並みに減った時期があり、その頃から副業を考え始めました。本業と両立できる仕事を探していたことと、主人が韓国人なので、韓国と日本を頻繁に行き来できる生活ができるかもと思い、韓国物販を始めました。

　20年以上美容師を続けていて、将来についても考えていました。物販を通じて「新しいことに挑戦する」という体験をし、自分の付加価値を底上げして美容師としてもより求められるようになりたいと思うように。自信を持てるようになったことも大きな収穫です。

仕入れに役立つ
韓国語リスト

基本フレーズ

● **こんにちは**
アンニョンハセヨ
안녕하세요

● **さようなら**
アンニョンヒケセヨ
안녕히 계세요

● **ありがとう**
カムサハムニダ
감사합니다

● **すみません（呼びかけ）**
チョギヨ
저기요

● **ごめんなさい（謝罪）**
チェソンハムニダ
죄송합니다

● **結構です（断り）**
ケンチャナヨ
괜찮아요

● **はい／いいえ**
ネ／アニヨ
네／아니요

● **そうなんですね**
クロックンニョ
그렇군요

● **わかりました**
アルゲッスムニダ
알겠습니다

● **わかりません**
モルゲッソヨ
모르겠어요

● **私は○○です（自己紹介）**
チョヌン○○イムニダ
저는 ○○입니다

● **よろしくお願いします**
チャルプタットゥリョヨ
잘 부탁드려요

移動

- ここ／そこ／あそこ／どこ
  ヨギ／コギ／チョギ／オディ
  여기／거기／저기／어디

- 行きます／行きました
  カヨ／カッソヨ
  가요／갔어요

- 行ってます
  カゴ イッソヨ
  가고 있어요

- ○○ホテルまでお願い
  します
  ○○ホテリヨ
  ○○호텔이요

- (住所を見せて) ここへ
  行ってください
  コギカジュセヨ
  여기 가 주세요

ショッピング

- かわいい！
  イェップダ！
  예쁘다！

- それを見せてください
  クゴ　ポヨジュセヨ
  그거 보여 주세요

- 試着してもいいですか？
  イボバドデヨ？
  입어 봐도 돼요？

- (これは) いくらですか？
  (イゴ) オルマエヨ？
  (이거) 얼마예요？

- これください
  イゴ チュセヨ
  이거 주세요

- いりません
  ピリョオプソコ
  필요없어요

183

- **高いです**
  ピッサダ
  비싸요

- **まけてください**
  カッカジュセヨ
  깎아 주세요

- **韓国限定品は
  ありますか?**
  ハングク ハンジョンイン
  サンプムン インナヨ?
  한국 한정인 상품은
  있나요?

- **お会計をお願いします**
  ケサニヨ
  계산이요

- **払戻し／返品／
  交換したいのですが**
  ファンブル／パンプム／
  キョファン ハゴ シプンデヨ
  환불／반품／
  교환하고 싶은데요

仕入れで使う

- **あります／ありません**
  イッソヨ／オプソヨ
  있어요 ／없어요

- **売れた／売れました**
  パルリョッタ／パルリョッソヨ
  팔렸다／팔렸어요

- **どれくらい
  売れましたか?**
  オルマナ パルリョッソヨ?
  얼마나 팔렸어요?

- **一枚のみ可能ですか?**
  ナッチャンカヌンヘヨ?
  낱장 가능해요?

- **再生産しますか?**
  リオドヘヨ?
  리오더 해요?

- **この服サイズ別で
  全部ください**
  イ オッ ハンコミチュセヨ
  이 옷 한 고미 주세요

買い物で使い分け

● **色はどんなのが
ありますか?**

卸用語
カルン オットッケトェヨ?
깔은 어떻게 돼요?

通常
オットン コルロ イッソヨ?
어떤 컬러 있어요?

● **領収書をください**

卸用語
チャンキチュセヨ
장끼 주세요

通常
ヨンスジュンチュセヨ
영수증 주세요

仕入れと通常で用語を使い分
ける卸仕入れ専門店では、素
人相手だと値段が変わることも
あるので、知っておくと便利で
す。

卸仕入れで使う用語

● **色**
カル (깔)

● **サイズ別のセット**
コミ (고미)

● **一枚のみ**
ナッチャン (낱장)

● **レシート・領収書**
チャンキ (장끼)

● **再生産**
リオド (리오더)

● **予約注文**
ミソン (미송)

● **不良品**
ナオシ (나우시)

おわりに

　本書を最後までお読みいただき、ありがとうございます。
読み終わってみて、
「"ながら副業"って、楽しそう」
「これなら自分にもできそう！」
「次の韓国旅は、仕入れしちゃおうかな」など、
"物販"と聞いて、難しそうだと思っていた人も、意外と簡
単にできそうだと思っていただけたのではないでしょうか。

　私が初めて「物を売る」という経験をしたのは、18歳
のときにメルカリで売れたゲーム機。あの、モノが売れたと
きの何ともいえない爽快感が、自分の奥底にずっと眠ってい
ました。
　思えば、あのときの体験が、物販への興味へとつながり、
現在の道へと続いていたのだと、今となっては感じています。

　私自身、物販で大きく人生が変わった一人です。
　自分の人生の在り方に疑問を持ち、周りの友達を羨んで
焦り……挙句の果てには借金を抱えて泥沼にハマっていた
私が、今では独立して会社を立ち上げ、スクールを経営す

るまでになりました。

　自由に時間を使えて、月に一回、好きなときに韓国にも行っています。そんな私を支えてくれるやさしいパートナーや会社の仲間にも恵まれ、そして慕ってくれる生徒さんたちもいて、とても充実した毎日を送っています。

　すべては、『韓国物販』に出会ったことがきっかけでした。あのとき、すべてを捨てる覚悟でノウハウを学び、物販を始めて本当に良かったと思っています。

　あのときに諦めていたら、今の自分はなかったでしょう。

「自分の人生って、このままでいいのかな?」
「なんとかしたいけど、何をしたらいいのかわからない」と、思い悩んでいる方はたくさんいらっしゃると思います。

　そんな方にこそ、スキルもキャリアもいらない韓国物販に挑戦してほしいと願っています。

　メルカリを活用しての物販は、決して難しいことではありません。しかも、「韓国」という好きな商材を扱うのであれ

ば、なおさらです。隙間時間を利用して誰でも簡単にできま
すし、ちょっとしたコツを掴むだけで、驚くほど売れるように
なります。

　そして、実践すればするほど、ノウハウが蓄積されるため、
どんどん上達もします。私の生徒さんの中には、始めて数か
月で利益を出している方も、たくさんいらっしゃいます。

　必死になって勉強する必要もありません。だって、好きな
「韓国」に関わりながらの「副業」ですから。

　大事なのは、まず始めてみること。

　どんなに小さくてもいいので、最初の一歩を踏み出すこと
が大切です。

　とはいえ、一人で思い悩んでしまうこともあると思います。
そんなときは、私のYouTubeやSNSで、韓国物販につい
ていろいろ紹介しているので参考にしてみてください。物販
への不安や疑問などを解決する手助けになるかもしれませ
ん。

また、本書でご紹介した韓国物販について、もっと知りたいという方に向けては、『どんどんコリア』というスクールで講座もひらいています。

「韓国物販を始めて人生が変わった！」
　そんな体験を、少しでも多くのみなさんにお届けできたら幸いです。
　みなさんの前に輝くような新しい未来が広がっていることを願って……！

　最後に、本書を出版するにあたって、ご協力いただいた方々に御礼を申し上げます。

書籍購入者特典

① 実際の仕入れ商品例（PDF）

② 商品別利益管理シート（Googleスプレッドシート）

パスワード：nagarasidejob

以下のURLからデータをダウンロードし、案内に従ってアクセスしてください。

https://www.infos.inc/books/detail/id=9257

※上記の特典は、都合により予告なく内容が変更になる、またはデータにアクセスできなくなる可能性があります。
※特典の内容および特典に掲載している情報については、著者が運営する『どんどんコリア』（株式会社ADC3.0）が制作および管理しているため、お問い合わせは、以下のURLに記載の連絡先までお願い致します。また、これらの特典は、何らかの利益を保証するものではなく、その運用結果について、出版社および著者は、一切の責任を負いません。
https://dd-korea.com/company/

本書に掲載している情報について

このたびは、イマジカインフォスが発行する書籍をお買い上げいただき、誠にありがとうございます。本書に掲載している情報は、2024年6月までに著者が行った調査にもとづいております。韓国現地の各店舗等の情報については、当該店舗およびブランドの公式ホームページ、または、ソウル市観光情報公式ウェブサイトを参照しています。また、メルカリなど各種サービスの仕様や、税関などに関するレギュレーションについても、2024年6月に著者が調査した当時の情報にもとづいて記載しております。掲載している情報は、調査後および発売後に変更になる可能性がございます。最新の情報については、それぞれの公式の窓口にお問い合わせをお願いいたします。当社にお問い合わせいただいてもお答えできませんので、あらかじめご了承をお願いいたします。

ソア（東真梨子）

1992年10月、大阪府生まれ。2015年に大阪樟蔭女子大学を卒業後、百貨店のジュエリーショップに入社。2018年に退職し、物販ビジネスで独立。2022年、株式会社ADC3.0を設立し、代表取締役に就任。バイヤーとしてのほか、スクール事業やSNSマーケティング事業などを手がける。「どんどんコリア」の屋号で、YouTubeをはじめ多方面で活躍中。

Instagram　　@korea_buyerrr
X　　　　　　　@dondonkorea
YouTube　　@soa-korea-business

STAFF

著	東 真梨子
装丁・本文デザイン	別府 拓（Q.design）
装画・本文イラスト	福士陽香
地図制作	ピクトマップ
撮影	東 真梨子
DTP制作	市岡哲司
校正	株式会社ヴェリタ
構成・文	守屋美穂
編集担当	阿部泰樹（イマジカインフォス）

旅行しながら月10万円稼ぐ！
韓国好きのための「ながら」副業

2024年9月30日　第1刷発行

著者	ソア（東真梨子）
発行者	廣島順二
発行所	株式会社イマジカインフォス 〒101-0052　東京都千代田区神田小川町3-3 電話 03-3295-9468（編集）
発売元	株式会社主婦の友社 〒141-0021　東京都品川区上大崎3-1-1 目黒セントラルスクエア 電話 049-259-1236（販売）
印刷所	大日本印刷株式会社

© Mariko Higashi & Imagica Infos Co., Ltd. 2024 Printed in Japan
ISBN978-4-07-460300-8

■ 本書の内容に関するお問い合わせは、イマジカインフォス コミック編集（電話03-3295-9468）にご連絡ください。
■ 乱丁本、落丁本はおとりかえいたします。主婦の友社（電話049-259-1236）にご連絡ください。
■ イマジカインフォスが発行する書籍・ムックのご注文は、お近くの書店か主婦の友社コールセンター（電話0120-916-892）まで。
＊お問い合わせ受付時間　月〜金（祝日を除く）10:00〜16:00

イマジカインフォスホームページ　https://www.infos.inc/
主婦の友社ホームページ　https://shufunotomo.co.jp/

Ⓡ 本書を無断で複写複製（電子化を含む）することは、著作権法上の例外を除き、禁じられています。本書をコピーされる場合は、
事前に公益社団法人日本複製権センター（JRRC）の許諾を受けてください。また本書を代行業者等の第三者に依頼してスキャンや
デジタル化することは、たとえ個人や家庭内での利用であっても一切認められておりません。
JRRC〈https://jrrc.or.jp　eメール：jrrc_info@jrrc.or.jp　電話：03-6809-1281〉